OLIVIER
GUIMOND

OLIVIER GUIMOND

MANON GUIMOND

À ma mère,
Marie-Jeanne Brunelle,
et mon fils Luc.

Chapitre 1

LA P'TITE DERNIÈRE

Mieux vaut prévenir que guérir, croit-on avec raison. Pourtant, à dix-huit ans, parmi les plus naïves jeunes femmes, j'étais la reine. N'importe laquelle aurait plongé aveuglément dans mon merveilleux conte de fée où, les adages, les proverbes et les belles maximes ne signifiaient plus grand-chose.

Sinon que quand il y a de la vie il y a de l'espoir...

Mon enthousiasme et mon émerveillement face aux choses de la vie m'ont joué tant de vilains tours. Jusqu'au jour où je rencontrai Olivier Guimond, j'étais la plus entêtée des enfants et la plus entêtée des demoiselles. Au départ, j'étais certainement née par entêtement, quelques six ans après le troisième enfant vivant d'une famille où, peut-être même à son insu, la mère prenait souvent les rennes paternelles. Laissez-moi vous dire que la p'tite dernière souleva bien des propos et on a souvent parlé d'une p'tite pas attendue.

On ne devait réellement pas m'attendre puisque je fus condamnée à retourner dans les limbes dès ma naissance! Je n'avais pas mis les pieds dans ce monde de la deuxième guerre mondiale depuis trois semaines qu'on m'hospitalisait déjà à Sainte-Justine. Des pierres à la vessie menaçaient ma vie. Ma mère avait déjà perdu deux filles pour la même raison.

— On n'a qu'à la laisser mourir, conseillaient les spécialistes étonnés par mon cas.

Or, parfois et toujours avec succès, mon père improvisait une médication.

— De toute façon, on va la perdre... Que perdons-nous à essayer? dit-il en décidant de me faire avaler un jus de graines de citrouille à toutes les sauces.

N'en demeure pas moins que ce merveilleux homme qui représentait pour les voisins du quartier un merveilleux barbier réussit à vaincre la première des mystérieuses phases qui devaient m'être fatales.

Et l'optimiste papa en or ranimait une dernière petite soeur pour Georgette, Claude et Lorne, respectivement âgés de treize, dix et sept ans. Depuis leurs débuts, Henri Brunelle et son épouse Marie-Jeanne élevaient ces petits anges rue Joliette, face au salon. Je ne saurais oublier que la parenté ne se gênait point pour défiler car la porte était toujours ouverte. Je trouvai très tôt une forte identité dans l'harmonie qui gérait adroitement le brouhaha des oncles, des tantes, des cousins-cousines claquant portes de voiture, portes de cuisine. Très tôt, ma mère commença à demander à toute la famille où elle avait bien pu me dénicher. Je me demande comment j'aurais pu élever une enfant comme moi et je sais maintenant pourquoi celle qui réglait les affaires familiales n'approuvait pas souvent mes intentions. Quoi qu'elle m'interdise, je préférais, quitte à en regretter plus tard les conséquences, en assumer les risques. Entre-temps, elle me confectionnait une multitude d'élégantes petites robes. Employée à la maison Lallonger, elle les assemblait avec autant de facilité que j'ai à faire un mélange à gâteau préparé.

Avec des tissus qu'elle n'utilisait pas et des coupons que je saisissais systématiquement au passage je créais des vêtements de grande actrice.

— Vous verrez, je serai une célèbre artiste. J'aurai autant de revolvers que j'en voudrai et je pourrai les conserver si je le désire! aurais-je proclamé avant même d'être inscrite à la maternelle.

Je soignais ma tenue vestimentaire pour l'émission radiophonique que j'animais, dissimulée derrière un meuble-émetteur désaffecté, sans horaire précis, avec ou sans auditeurs.

Tous les jours, je visitais les clients de papa. Riche de la pièce de dix cents et des deux pièces de cinq cents que je réussissais toujours à soutirer de maman et de grand-maman, je dansais devant la fenêtre de mon Figaro adoré et, pour lui dire combien je serais heureuse d'avoir au moins vingt-cinq cents dans mes poches, j'agitais symboliquement mes petits doigts sur ma joue droite. Papa était orphelin depuis l'âge de huit ans et pour lui les enfants devenaient des dieux; mes manigances l'amusaient grandement. Il avait à peine répondu d'un sourire, que j'engageais déjà des conversations avec les uns et les autres, récoltant de belles pièces de monnaie.

Avec cinquante cents par jour, je passais pour une enfant gâtée. J'imagine qu'en me prêtant à ces petits enjôlements, je le suis devenue sans le réaliser. Je me souviens, par exemple, d'avoir insulté un gros colporteur comme ils le sont à Montréal, pour une question d'argent. Il nous vendait ses marchandises; ma mère les lui remboursait au rythme d'un dollar par semaine.

— Ma petite, on me dit que tu es très gentille. Tu mérites bien un cadeau, pour te récompenser, dit-il un samedi. Tu t'en souviendras longtemps, ajouta-t-il avant de fouiller ses poches.

Il en tira sa monnaie, l'examina et me tendit finalement une pièce toute neuve d'un cent. Je la pris, l'examinai des deux côtés, le regardai droit dans les yeux et lui remis la récompense devant mon père étonné et ma mère consternée.

Ah, si seulement j'avais été aussi attentive et aussi tenace toute ma vie! Mieux vaut vous dire tout de suite que c'est mon incomparable bonheur qui m'a fait oublier mes tables de calcul...

Bien sûr, je fus réprimandée pour avoir indigné l'avare colporteur. De temps à autre, si j'étais punie malgré la complicité de grand-maman chérie, c'est que la logique de maman l'emportait. Et cela me touchait beaucoup. Mais à cet âge-là on ne connaît rien à la sévérité et on la supporte mal.

De toute façon, papa veillait, sans le laisser paraître. Ceux qui se souviennent du *Eastern Boy's Club* souriront en lisant cette anecdote qui montre combien notre père nous aimait, combien sa tendresse influençait notre éducation. À douze ans, je croyais normal d'aller danser le samedi soir, surtout au *beat* des orchestres du populaire établissement de l'est de la métropole. Un bel après-midi, avec une belle soirée en perspective, j'insistai pour sortir au point d'amorcer une pénitence immédiatement après le souper. Le soleil descendait lorsque mon père entra dans ma chambre avec un billet de deux dollars.

— Tiens, prends ça. Sauve-toi par en arrière, je vais la surveiller, convint-il.

Je ne suis pas tellement bien placée, dirait-on, pour juger d'une façon d'aimer...

Ce soir-là, je revins à la maison un peu avant minuit. Ma mère m'attendait.

— J'espère que tu as passé une agréable soirée, dit-

16

elle un tantinet chaleureusement pour m'accueillir. La semaine prochaine, si tu vas au *Boy's Club*, tu te souviendras du scandale, ajouta-t-elle après quelques instants comme si je lui avais demandé de m'expliquer tout de suite ce qu'elle avait en tête.

La semaine suivante, même scénario. Au bout d'une dizaine de minutes de danse, j'entends un familier «Manon Brunelle» provenant du micro de l'orchestre. «Ta mère t'attend!» Effectivement, elle m'attendait à la porte de la salle. Je n'ai jamais été aussi honteuse de toute ma vie!

Je sais bien que les enfants gâtés ne sont en général pas sympathiques. Je me considère toutefois très chanceuse d'avoir connu une enfance choyée entre une maman autoritaire qui a suscité chez moi tant d'admiration et un papa jovial et humain qui m'a donné ma plus belle morale.

Chapitre 2

IMPONDÉRABLE

À quinze ans, il y en avait déjà deux que j'aimais un certain André. Lui seul m'appelait sa petite actrice. Parfois, nous magasinions pour remplir le traditionnel coffre de cèdre dans lequel j'aurais pu entreposer alors la moitié de mon trousseau.

Un soir, en compagnie d'un couple d'amis, nous avons mangé au restaurant: frites, hot dogs, 7 Up, tout bonnement! J'étrennais une robe à la taille très serrée et j'éprouvai plusieurs étourdissements en montant chez moi. Je m'assis lentement dans un profond fauteuil du salon, appuyai tout aussi lentement ma tête au dossier. Je ne me souviens plus de rien...

— Tiens, ma petite actrice voudrait me retenir plus tard ce soir, dit André à l'intention de mes parents, croyant à quelque mélodrame. Vous le voyez, pas vrai, comme elle joue bien la comédie?

Maman n'en crut rien et constata mon évanouissement. Affolée, elle envoya chercher monsieur le curé et monsieur le médecin arriva le premier.

— Coma total, déclara-t-il sans hésitation.

Toute la famille s'était entassée dans le couloir et on me rappelle encore combien on y a prié pour moi. Une indigestion aiguë m'avait terrassée au point que je ne réagissait plus aux piqûres de longues aiguilles introduites dans mes pieds pendant dix jours et dix nuits! À cause des coûts très élevés d'hospitalisation, le docteur Jean Jeté fournit à mes parents le sérum qui, souhaitait-il, réussirait à me sauver. Je ne pourrais dire combien ils ont pleuré mais je peux affirmer qu'ils ont beaucoup maigri. À tour de rôle, ils conversaient avec une inconsciente interlocutrice et sur les conseils de mon sensationnel médecin on faisait tourner mes disques préférés. Elvis, ma mère le connaît aussi bien que moi! Elle obéissait à la lettre aux recommandations du docteur Jeté et passa des heures à me montrer des robes neuves et vieilles. La musique et les robes, c'étaient mes deux grandes passions...

Si j'échappais à la crise, trois possibilités s'offraient à mon destin. «Aveugle, épileptique ou complètement déséquilibrée», diagnostiquaient les spécialistes consultés par notre médecin traitant. «Mon Dieu, venez plutôt me chercher!» disait ma mère avec une soumission désespérée. Quand je me suis relevée le onzième jour, c'est elle qui faillit entrer dans le coma. Le dos très droit, je défis ma robe de nuit et exposai effrontément ma poitrine.

— Y a longtemps que tu veux voir mes seins, dis-je à André dont je venais à peine de saisir la voix.

Je n'avais qu'une idée en tête en me redressant de façon aussi déconcertante: lui prouver que je l'aimais et m'excuser, en quelque sorte, d'avoir repoussé si souvent ses nombreuses tentatives d'attouchement. J'avais, depuis toujours, la ferme intention de ne pas coucher avec un homme avant qu'il ne m'ait passé la bague au doigt. J'avais appris qu'un galant qui manifeste le désir de s'étendre en ma compagnie avant de bien me connaître autrement ne m'aimait pas vraiment et j'en étais convaincue. Puis, je retombai presque aussi soudainement.

Mais je restai éveillée. Lorsque je retrouvai la parole, je m'informai de la date du mariage du frère d'André. Je n'allais certes pas manquer une excellente occasion de m'amuser. Veuillez croire que ce projet n'a guère souri à maman déjà si ébranlée par ma maladie. Tandis qu'elle se décourageait, ma soeur, son mari et deux amis m'aidaient à recouvrer l'usage de mes jambes. Tout en rééduquant mes membres pour marcher et — je le souhaitais ardemment — danser trois semaines plus tard, je répétais des mots faciles afin d'en arriver à des phrases que je parvenais difficilement à extraire de mon cerveau. Navrée et découragée, ma mère confectionna la toilette que je désirais porter pour l'occasion si attendue. Comme prévu, j'assistai à la cérémonie nuptiale et profitai au maximum de la soirée qui s'ensuivit.

Mon deuxième rendez-vous avec la mort m'avait néanmoins transformée. Je ne garde aucun souvenir de ce mois d'absence à part d'angoissants délires restés muets. Bientôt, je fus toute différente de ce que j'avais été durant mes seize premières années. Ainsi, chaque situation souvelée au cours des jours fut simplifiée en un tour de main, avec beaucoup de douceur à la fois... Je ne répondais plus par de l'entêtement mais je ne me pliais plus à aucune situation inconfortable. On a souvent eu raison de croire à ma naïveté et c'est la marque que mon coma laissa en moi à tout jamais.

Peu après, je trouvai chez mon bien-aimé des traces perceptibles d'un défaut que je condamne: André s'affirmait jaloux, une naissante virilité l'indisposant probablement. Aspect à évaluer dès qu'on le repère, n'est-ce pas? Il m'épiait du fond d'une ruelle une fin d'après-midi où je fus accompagnée à la maison par un de mes supérieurs, un bel homme de quarante ans dont j'appréciais l'humour et la philosophie. Pourquoi redouter sa particulière gentillesse? Je ne craignais pas les commérages. Mais André, vous le devinez, ne le voyait pas du même oeil.

— T'as travaillé fort? demanda-t-il avant même que la voiture du galant patron soit repartie.
— Ça a bien été, répondis-je en saluant l'agréable escorte.
— Pas mal checkée pour une fille qui rentre du travail, dit-il comme je montais les marches menant chez moi.
— Surtout dans du turquoise! Pourrais-je me permettre d'insinuer que... dit-il encore.
— Pardon?
— J'ai tout vu, commença-t-il par avouer avant de me raconter comment il était grimpé à l'échelle de l'édifice face à celui de la maison Familex et comment il avait réussi à me regarder danser avec différents compagnons de travail.
— Monte, on va parler.

Je lui remis chacun des objets qu'il m'avait offerts ou que nous avions achetés ensemble.
— Tu es jaloux et j'ai menti. Il n'y a aucun espoir de pouvoir être heureux ensemble, affirmai-je avant de le prier de partir et de ne jamais revenir, avec la même aisance insoupçonnée résultant de mon coma.

J'ose croire qu'un peu d'orgueil alimentait à mon insu cette nouvelle insouciance: j'ai bien compté trois ou quatre soupirants l'année suivante! Chacun respectait les principes qui me guidaient alors; sans quoi, j'en aurais compté une bonne douzaine!

Je mis le premier d'entre eux à la porte quand il revint de chez le dépanneur où il devait acheter des amuse-gueule pour nos invités du Lac Saint-Jean. Durant son absence, on avait vanté ses prévenances et son amabilité. Si vous saviez combien son achat d'une dizaine de tablettes de chocolat à cinq cents m'a indignée! Allez maintenant savoir pourquoi... Parlant chocolat, une situation semblable se produisit avec un jeune homme qui avait délaissé sa fiancée des quatre dernières années pour me fréquenter. Un soir, il arrive avec une boîte de friandises «identiques» à celles qu'il se procurait en Europe pendant son service militaire. Une ancienne connaissance les lui avait fait parvenir le jour même. Cependant, le lendemain, j'aperçois des bonbons semblables dans la vitrine d'une confiserie Laura Secord. Fini les amourettes... Heureusement, l'autre l'attendait patiemment. Deux mois plus tard, ils jouaient aux cartes chez mes parents tandis que je me distrayais ailleurs. Franchise inaltérable, tu me marquais déjà.

Ensuite, il y eut ce beau jeune homme, rêve d'une vie. Georges avait vingt-deux ans, j'en comptais dix-sept. Sa mère et ma mère retrouvèrent chacune en l'autre sa grande amie d'enfance grâce à notre rencontre. Étudiant en médecine, il veillait au bien-être de sa mère et des six autres enfants et aux corvées incombant à semblable maisonnée. Bien entendu, il ne sortait pas beaucoup des murs voisins de l'église de la rue Chambly; entre ses rédactions multiples et les devoirs des plus jeunes, il lavait un plancher. Moi, je l'admirais beaucoup! Et l'admiration m'avait parfois inspiré une appréciation qui, cette fois, prenait sensiblement des airs d'amour. Secret mais affable, romantique et consciencieux, il ne pouvait mieux s'accorder à mes dispositions. Mais victime de son dévouement, il s'écroula un midi où il revenait du coin avec des frites. Le médecin dépêché sur les lieux avisa sa mère qu'il serait sûrement paralysé. Trois heures plus tard, il mourait; trois jours après, Jacques, le frère de quatorze ans qui partageait sa chambre, mourait de la même

façon. Le coeur déchiré, ses proches et amis furent vacci-
nés.

Désillusion est le mot qui désigne le désarroi où je
m'enlisais moi aussi.

Chapitre 3

FLIRT

Pour me remonter le moral et pour apporter un éclat seyant à la blondeur de mes dix-sept ans, je décidai de m'inscrire à des cours d'art dramatique. Ni moi, ni maman, ni personne ne disposait de l'argent pour les défrayer mais j'y veillai, et après seulement quelques leçons, Sita Riddez prévoyait une carrière radiophonique dans les six mois. Maman priait depuis des années pour que l'idée de devenir comédienne s'estompe le plus tôt possible des ambitions de sa fille. Son désir n'allait pas être exaucé immédiatement; pas avant que je sois montée au moins une fois sur les planches...

L'occasion ne tarderait plus: Monsieur Maurice Gauvin recherchait alors trois majorettes pour son *Théâtre Mercier*. Ces nouvelles recrues ne devaient pas nécessairement manier les cannes de tambour-major; non, l'homme d'affaires tentait d'engager trois belles jeunes filles pour introduire les spectacles et les numéros et figurer dans ceux où un plus grand nombre de personnages améliore l'action. L'offre coïncidait avec la production du plus gros spectacle monté par l'établissement. Ma grande amie Huguette, un bouffon extrêmement réaliste et toujours fidèle à mes côtés, voyait là la chance d'une vie. De nos vies! Je ne me suis pas trop fait prier avant de la suivre à l'audition. Parmi les seize postulantes revêtus de costumes de circonstance qui s'étaient pliées aux facéties professionnelles d'un éventuel patron, les noms d'Huguette Bouthillier, de Lise Richard et le mien parurent au programme de l'inhabituelle comédie musicale. Par un splendide dimanche de septembre, nous participâmes à la parade soulignant l'événement; le seul fait de circuler sur le boulevard Pie-IX assise à l'arrière d'une décapotable m'a procuré les premiers papillons du trac. Le soir de la première, ils ne s'étaient pas encore envolés et je ne savais plus si mes jambes allaient tomber ou mon ventre s'ouvrir pour les libérer et alléger enfin mes crampes. L'audace de la petite actrice de sept ans s'était curieusement dissipée, mais ma mère voyait toujours en moi une entêtée prête à n'importe quoi pour relever les défis. Elle s'inquiétait outre mesure du danger encouru en trempant dans ce fameux showbusiness. Tête folle, tête heureuse, enfant gauche, sa p'tite dernière pouvait aussi bien se retrouver les pieds dans les plats dès ses premiers pas sur ces planches tant convoitées. Surtout que je ne les avais guère sur terre!

Sans restrictions, inconditionnellement, j'adorais mon nouveau travail qui s'avérait des plus intéressants; c'est à souhaiter quand on le remplit sans salaire! Au fond, la rémunération était sans importance car l'idée d'être payée pour m'amuser autant n'effleura jamais mon esprit. Après avoir réglé les honoraires de mon professeur, mes parents remboursaient maintenant mes factures d'accessoires de maquillage fourni, comme convenu avec Monsieur Gauvin, par les majorettes. Rencontrer et côtoyer pendant cinq ou six jours des Aline Duval, Paul Desmarteaux, Paul Thériault, Richard Baronnet et beaucoup d'artistes populaires défunts depuis répondait à mon rêve. Innocemment féminine, innocemment émancipée et innocemment munie d'une figure souriante et ronde, je palpitais au rythme des apparitions artistiques.

Huguette avec réalisme tuait chacune de mes allusions, ponctuait chacun de mes commentaires sur l'un ou l'autre de ces messieurs.

— Réveille-toi, tu vois bien qu'il porte de hauts talons, affirmait-elle lorsque la stature de l'un retenait mon attention.

— Il préfère les jeunes garçons. Manon! remarquait-elle quand j'appréciais la délicatesse de celui-là.

Souvenez-vous que je n'avais pas encore établi de différence entre admiration et affection; souvenez-vous aussi que le flirt me semblait un mode de communication normal et très agréable. La plus belle des trois, c'était certainement Huguette; celle qui recevait le plus de compliments, c'était certainement moi. C'était à prévoir: j'étais idiotement aimable et instinctivement ouverte à tout propos. Si je mentionnais à ma mère le nom de la nouvelle vedette dont je m'entichais dès son arrivée, elle répondait qu'on en reparlerait la semaine suivante. Pourquoi me retenir, limiter mon horizon? Rien d'autre qu'une camaraderie ne me liait à ces gens qui, de toute façon, étaient régulièrement remplacés. Séduire sans arrière-pensée: voilà ce qui me préoccupait. Recevoir un peu d'attention: voilà ce que je recherchais. Ainsi, qu'il soit homosexuel, marié, divorcé ou infidèle à ses maîtresses, chacun n'était plus qu'un bon copain le temps de tenir l'affiche du Mercier et qu'un bon souvenir une fois son autographe ajouté à ma collection.

Ainsi passèrent septembre, puis octobre; survint novembre. Pour en égayer les maussades soirées, Paolo Noël ensoleilla la scène pendant deux semaines. Évidemment, la première fois où une vedette resta chez nous plus longuement qu'à l'ordinaire, il fallait que ça tombe sur l'incomparable rêveur, le très effervescent rêveur. La sensualité diffuse du réputé séducteur provoqua le coup de foudre prévu par Huguette. Que se passait-il dans la tête du chansonnier? Impossible à déterminer avec exactitude.

Après ses spectacles, nous terminions nos soirées au restaurant. En plein coeur de Montréal, Paolo m'avait invitée à partager sa bohème. Nos nuits blanches se passaient sagement et tendrement dans son appartement de la rue Saint-Denis. Aucun sexe; la relation se situait à un tout autre niveau. Moi, totalement vaporeuse et lui, imprévisiblement respectueux, nous passions des heures à nous embrasser. Paolo n'a défait aucune de mes robes — franchement, sauriez-vous me blâmer d'avoir souhaité davantage? Se regarder, s'embrasser, se «minoucher» nous suffisaient; tellement, qu'il me fallut corriger mon maquillage afin d'amincir mes lèvres enflées plutôt que de les élargir comme d'habitude. «Ma petite fleur bleue, je ne pourrai jamais te toucher», murmurait-il, bien que je n'aie osé dévoiler mes anticipations. De plus, je ressemblais étrangement à sa fille aînée. «Place ta tête sur l'oreiller, j'vais chanter c'que t'aime. T'es trop comme Ginette; laisse-moi seulement caresser ton p'tit visage», disait-il en frôlant mes sourcils du revers de son pouce. Le coeur de l'heureux papa n'était pas tout à fait cicatrisé d'une peine d'amour relatée dans la première partie de son autobiographie...

Un des derniers soirs où Paolo tenait l'affiche du *Théâtre Mercier*, je surpris une de ses conversations avec notre patron. «Ah! c'te bonhomme-là, je l'adore!» disait-il de la vedette de la semaine suivante. Tous les employés de l'établissement l'approuvaient depuis l'annonce de son passage parmi nous. Vraiment, toutes les qualités y ont passé; mais un hic marquait toujours les discussions à son égard.

— Bon, ça va, j'finirai par comprendre qu'il y a de plus en plus d'homosexuels, fis-je une fois à l'intention d'Huguette avant qu'elle ne me prévienne de quoi que ce soit.

Le phénomène en question, c'était Olivier Guimond. Un grand nom. Ma mère qui assistait très rarement à des spectacles gardait le souvenir du comique qui l'avait tant amusée au temps où je prenais forme en son sein! C'est à peu près tout ce que la vedette de millions de Québécois représentait pour moi.

Assis sur le banc dont il est question dans sa chanson, Paolo a composé pour moi *Carré Saint-Louis*; puis, il est reparti. Après son départ, la plupart des gens au courant de notre relation ne voulaient croire que nous n'avions pas fait l'amour ensemble. Qui ne reconnaît la beauté de cet homme? L'apprécier à sa juste valeur, quel réconfort!

Chapitre 4

CAPRICE DE VEDETTE?

Les guichets ne dérougissaient pas et on attendait de plus en plus nerveusement celui pour lequel on réservait tant de sièges. À force d'en entendre parler, j'avais maintenait grand-hâte de voir ce dont était capable ce fameux Ti-Zoune. Tous les compliments sur lui m'étourdissaient presque, m'exaspéraient quasiment.

J'assistai à sa première répétition: aussi bien en avoir le coeur net. Quelle ambition! Olivier Guimond ne répétait jamais! Muni de lourdes lunettes noires, il examina son texte avant de le redéposer très évasiment et d'indiquer à chacun des comédiens comment il le rendrait. Les autres, qu'ils apprennent leur réplique ou pas, le comédien enchaînerait à coup sûr... Trente secondes de pourparlers déterminaient, semblait-il, la plus appropriée des mises en scène — ce qui fit paniquer maints réalisateurs à maintes reprises à l'époque où la télévision émettait en direct. Une caméra, ça l'embarrassait énormément. La plupart des comédiens l'ayant côtoyé en studio croyaient qu'on aurait joujours dû enregistrer ses générales quand il était vedette de ses séries.

— Franchement, votre gars n'a pas l'air très très drôle, dis-je cet après-midi-là. C'est lui le grand comique dont vous parlez tant depuis une semaine?

— Attends, ma p'tite fille... Attends ce soir, répondaient les plus vieux.

J'ai vu, j'ai su et, impulsivement, j'ai participé à l'ovation. Pour croire qu'un homme puisse se transformer, se transfigurer à tel point, oui, il faut absolument le voir!

À l'époque, celui-ci souffrait énormément. Un an et demi plus tôt, le destin l'avait cruellement séparé de son épouse, Jeanne-D'Arc Charlebois, et de ses deux fils, Richard et Marco. La mère de ses enfants tenait à aller en Europe cinq ou six mois pour gagner l'argent nécessaire au paiement d'une maison du boulevard Gouin que les époux venaient d'acheter pour quelque cinquante mille dollars. Certaine d'y trouver du travail dès son arrivée, elle jugeait préférable d'y emmener ses deux fils malgré les instances du papa qui l'implorait de lui laisser le plus jeune. Jeanne-D'Arc le raisonna allégrement et le plus grand amuseur depuis deux générations organisa une fête couronnant les initiatives de son entreprenante partenaire. Tous les amis y assistaient, se réjouissaient des nouvelles ouvertures et de l'inestimable expérience que ce serait pour les enfants.

Olivier, Jeanne-D'Arc et leurs deux fils s'envolèrent bientôt vers New York. Olivier tenta encore une fois de retenir Marco à ses côtés; en fait, il plaida en les conduisant au paquebot. Lorsqu'il s'éloigna du quai, la meurtrissure épouvantable fut peut-être délibérée. Il m'est permis de le supposer. Bien sûr, des querelles nuisaient à l'union de ces deux fortes personnalités. Nous savons qu'elles ruinent les plus solides ménages. Dix minutes avant de quitter l'hôtel pour le port, la veule Jeanne-D'Arc lui avouait qu'elle ne l'aimait plus. Il a souvent décrit ce quai, ce New York, cette scène où tous agitaient les mouchoirs alors qu'il fixait le store baissé sur le hublot de la cabine occupée par ses êtres les plus chers. «Papa, papa», se souvient-il avoir entendu. Perdre deux fils, un doux Richard de trois ans et un Marco enjoué d'un an et demi qui s'éloignent d'un pays où s'effondrent les espoirs de plus de quarante ans: c'est un drame! À des centaines de kilomètres d'eux, il affrontait quelques jours plus tard les balances d'hypothèque et les échecs budgétaires. Lorsqu'il accepta ce contrat au Mercier, il disposait d'une unique paire de bottes de caoutchouc noire, bordée au mollet d'une ligne orange-feu, de deux complets de scène, un noir et un brun; contrairement à toutes les figures populaires de l'époque, il n'avait pas de voiture et, côté finance, les considérables cachets étaient dus avant d'être touchés. Depuis l'éprouvante séparation, il habitait chez sa mère. Dans son désarroi, une Henriette de quelque dix ans sa cadette se chargeait avec amour des ennuyeuses responsabilités et des distractions qui sont le lot des désabusés. Une cartouche de cigarettes, un sandwich préféré, une lessive toute rangée, une visite éclair en passant par là: une multitude de petits détails très importants pour Olivier et très généreux de la part d'Henriette.

Le 15 décembre, dix jours après mon dix-huitième anniversaire, la vedette installée au bar du théâtre attendait de se préparer pour son spectacle. Il s'y attardait depuis un bon moment lorsque j'arrivai pour le travail.
— Je peux vous offrir un verre? me demanda-t-il sans laisser paraître la moindre homosexualité.

Soudain, mon jus de fruit s'enrichit d'une saveur genre coup de foudre. Ni beau, ni grand, ni playboy, comment pouvait-il ainsi me figer sur place? Le magnétisme qui fit oublier tant et tant de choses à chacune des femmes qui s'endormirent dans ses bras me subjuguait à mon tour. Nous nous sommes dévisagés pendant dix ou quinze minutes exaltantes puis il se retira dans le bureau de Monsieur Gauvin.

Quelques heures plus tard, il en ressortait en lançant, à l'intention des majorettes, qu'il n'y aurait pas de spectacle ce soir-là si nous n'étions pas rémunérées.

— Tu leur donnes à chacune vingt dollars par semaine, menaça-t-il en se retournant vers l'employeur.

— Qu'est-ce qui t'arrive, Olivier? Tu veux ma ruine? tu sais que ça m'est impossible, répondait plaintivement l'homme d'affaires.

— Mes regrets, mon cher, je n'ouvre pas tant que tu ne leur auras pas versé leur première semaine de travail. On va voir si ça va vraiment te faire crever, mon gros, continuait notre sympathisant.

Quant à nous, il se réservait le droit de nous renvoyer chez nous si ses conditions n'étaient pas respectées à la lettre.

Quarante-cinq minutes après l'heure fixée pour le début du spectacle, la foule s'impatientait bruyamment. Olivier Guimond tenait tête; il profita du délire du public pour lui annoncer ses intentions et conclut qu'un tel entrain méritait non plus vingt mais au moins une trentaine de dollars par semaine. Ce qu'on devrait stipuler par contrat! La victime n'eut d'autre choix que de rédiger les conditions de travail et de nous les faire accepter et signer. Dorénavant, comme le supposait notre héros, nous pourrions nous offrir des accessoires plus sophistiqués et d'inabordables taxis; dorénavant, le spectacle pouvait commencer... Contentée, la foule se tut avant d'éclater de plus belle, comme à chacune des représentations de notre bienfaiteur dans nos décors.

Son deuxième samedi soir chez nous allait inspirer à l'artiste un autre caprice dont j'aurais personnellement préféré me passer. Tel que suggéré la veille, le patron ajouta au programme un sketch intitulé *Le mort vivant*, numéro où feu Untel retrouve dans l'au-delà son épouse, incarnée par Madame Manda Parent, et ses trois maîtresses, des «guidounes» coiffées de petits bérets noirs, jouées par les figurantes. Juste avant d'entrer en scène, Olivier Guimond intervint à nouveau.

— Mon cher Maurice, cette femme-là, je crois que je l'aime beaucoup, commença-t-il en me désignant. Imaginez la nouvelle!

— Ça te prend toujours aussi vite que ça, bonhomme? demanda l'autre pour aggraver la situation.

— Non, pas souvent! Pis, c'est exactement pourquoi y aura seulement deux «guidounes» ce soir. T'en prends deux ou tu t'arranges avec un sketch en moins, imposat-il sans réplique.

— Comment? Guidoune ou quoi que ce soit, j'y vois rien de grave, tentai-je, surprise. Je tiens à jouer, c'est tout, dis-je, flattée mais indécise.

— Tu ne feras pas la guidoune devant moi, rétorquat-il très sèchement, le front sévère. J'ai l'impression de profiter de toi en te laissant faire des choses qui ne te ressemblent tellement pas, expliqua-t-il avec un brin de tristesse.

— Ça y est, m'exclamai-je nerveusement. Adieu la carrière, pensai-je. Les commentaires d'un homme aussi important influencent définitivement le champ d'action d'une nouvelle recrue. Pourquoi agissait-il ainsi?

— Bien sûr, Olivier. Allez, deux guidounes te suffiront amplement, s'empressa de confirmer celui qui voulait éviter toute confrontation semblable à celle de la semaine précédente.

Effectivement, je n'ai pas joué. Ni ce soir-là, ni aucun des autres soirs où il garda l'affiche, c'est-à-dire une période record pour l'établissement.

Chapitre 5

PRÉAMBULES

Bien que je j'aie gardé une certaine rancoeur de ses facéties, les jours suivants me rapprochèrent subtilement d'Olivier. Une fierté intime m'éclairait cette fois.

Son deuxième dimanche parmi nous, il nous visita en après-midi et après s'être assuré que tout allait au mieux pour son nouveau spectacle, il m'invita chez lui. Stupéfaite, j'en restai bouche bée.

— Est-ce que votre mère est là? demandai-je, inquiète de je ne sais trop quoi.

— Non, elle n'y est pas, répondit-il avec un soupçon de culpabilité.

— Il n'y a pas de danger? Pour moi, je veux dire, parvins-je à prononcer.

— Mais non, voyons. Je suis un type correct. Tu vois bien que je ne suis pas méchant... Sa voix et ses yeux le disaient.

Nous nous sommes rendus chez lui où il me servit mon éternel jus d'orange. Sans autre préambule, il me confia combien il me trouvait séduisante et tout ce qu'un homme dit pour complimenter une femme, il l'a trouvé. Sans toutefois m'approcher. Moi qui m'inquiétais! Moi qui avais mis trois ou quatre jours avant de consentir la moindre attention à son égard. Ce qui s'était innocemment développé en moi pour le Georges à la romance si brève reparaissait pour l'Olivier qui m'ignorait des heures de temps et qui virait, d'un moment à l'autre, le théâtre sens dessus-dessous pour qu'on m'accorde plus d'importance.

Sur le chemin du retour, celui qui devenait petit à petit le Prince Charmant m'a déclaré s'amouracher de cette dingue de petite blonde traînant dans de sombres coulisses...

— Toi, ajouta-t-il, je crois que je pourrais vraiment t'aimer.

— Vraiment, fis-je éberluée.

— Tu es toujours vierge, continua-t-il, non pas pour s'en assurer mais pour me rassurer. Ça se reflète. Je crois que je t'aime déjà trop pour te prendre ce que tu as si précieusement conservé pour l'homme qui le mérite. Si je te prenais, comprends, je voudrais te prendre pour toujours.

Lui ne blaguait pas, moi je ne parlais plus. Et Henriette venait chaque jour à sa loge... Assise sur la banquette arrière du taxi, j'imaginais cette dernière en train de laver planchers et plafonds, maison et logement, pour aider Olivier dans ses difficultés financières et lui, assis au bout d'une table, la tête appuyée entre les mains, pleurant l'infranchissable fossé, la grossière défaite. Je me suis ensuite imaginée assise à ses côtés dans cette même voiture nous ramenant au travail. Je m'y suis vue envoûtée mais hésitante devant ses subites déclarations. Au bout de trente secondes, je lui en ai livré mes impressions, le priant de me laisser y voir plus clair avant de lui reparler sérieusement d'affection. Il en convint, avec beaucoup de compréhension.

— Surtout, ne t'inquiète pas si je te demande de reve-

46

nir chez moi, dit-il enfin l'air taquin, comme nous franchissions les lourdes portes du hall d'entrée.

Par la suite, malgré les prévisibles et flagrantes absences de sa mère, je n'éprouvais plus aucun tracas en me dirigeant à nouveau vers la résidence dont la propreté m'éblouissait. Il vint bientôt me prendre à la maison, ou plus précisément chez ma soeur Georgette, notre voisine. Le fait de l'introduire aussi modestement, aussi amicalement, aussi illégalement surtout, dans mon environnement, fascina celui que ma complice désigna subito presto comme mon chum.

Pour maman, je m'étais déniché un gérant et nul besoin d'élaborer sur son embarras lorsque je lui appris son nom. Quelques jours lui suffirent pour pénétrer mes secrets. À la maison, Georgette et moi en parlions évidemment beaucoup puisqu'elle le voyait toutes les veillées chez elle. Sur son invitation, nous nous retrouvions dans son salon car mes parents, comme sa mère, se couchaient tôt. À juste titre, maman débitait les propos de toute mère en sa position. Elle prédit des abus, jura qu'il me délaisserait aussitôt assouvi. Elle parla de sa vieillesse et de ma jeunesse. Glorieusement elle dépista le gérant et impitoyablement accusa l'amant.

— Mais non, maman, c'est un excellent gérant, le meilleur qu'on puisse trouver. Je ne comprends pas que tu t'obstines comme ça, dis-je pour sauver la face. Connais-tu quelqu'un qui renoncerait à telle assistance? Moi, j'en connais plusieurs qui m'envient.

Henriette elle-même m'enviait à présent; car si j'avais l'imprésario idéal, elle perdait un compagnon de même cru. Olivier m'avait exposé ses sentiments pour Henriette: malgré toutes les bontés de cette femme amoureuse, il tricherait en acceptant de poursuivre sa vie auprès d'elle. En cette troisième semaine après notre rencontre, il confessa mon intrusion dans ses pensées à sa dévouée compagne. Pour éviter toute mauvaise réaction d'une maîtresse apprenant que son amant s'éprend d'une autre, j'aurais préféré qu'il s'accorde un peu plus de temps pour me connaître avant d'avouer son nouvel élan. Sa fidélité, son comportement propre lui dictaient d'autres convenances. J'ai su qu'ils en avaient discuté lorsqu'Henriette arriva un beau soir les cheveux teints en blond, d'un platine identique au mien. La transformation de cette femme à la coiffure habituellement très foncée m'effraya. Vous vous souvenez de la ridicule scène de jalousie survenue quelques années auparavant? Eh bien, cette fois, celle qui réprouvait alors pareille attitude la ressentait, instinctivement, à son tour.

Dès l'arrivée d'Henriette, je me suis précipitée dans la loge d'Olivier, et me suis dissimulée sur les tuyaux longeant le mur mitoyen de celui qu'occupaient les majorettes. Les tourtereaux jouaient déjà les fort-en-gueules en pénétrant dans l'étouffant recoin. Crispée, je respirais lentement, presque silencieusement, quand les voix s'élevaient et, pour moi, le silence signifiait la trahison s'ils avaient le malheur de se taire un instant. Les propos échangés en anglais ne m'apprenaient pas grand-chose; pourtant, je connaissais bien la différence entre *like* et *love* et comme par magie, les deux mots revenaient souvent dans les courtes répliques d'Olivier. «*Henriette, I like You. Manon's the one I love*», répétait-il constamment.

Comme si cette discussion ne m'avait pas assez ébranlée et appris la leçon d'une vie en l'espace de quelques secondes, je restai aux aguets, contre ma volonté, jusqu'à l'aube suivante. Car Olivier ne quittait jamais le théâtre dans les trente ou quarante-cinq minutes après les derniers applaudissements. Non, messieurs dames, il en repartait quelque quatre, cinq et parfois six heures après vous. Celui qui vous avait tant amusés toute la soirée s'installait au piano et s'y attardait longuement. J'avais oublié ce détail, emportée par le flot de la jalousie, et Dieu seul sait combien je regrettai tant mon oubli que ce sentiment; j'ai même cru à quelques reprises mourir d'asphyxie entre ces tièdes tuyauteries rouillées. Impossible de me sortir de là sans passer par sa loge où Henriette était restée.

Elle pleurait, assise près de la porte entrouverte par laquelle j'arrivais à voir Olivier fixer ses notes. Un peu passé trois heures, le gérant la reconduisit à la porte verrouillée depuis minuit et lorsqu'il repassa en coulisses pour regagner son bureau, je l'interpellai le plus discrètement possible. Je ne tenais pas à ce qu'il me trouve à l'intérieur en revenant le lendemain après-midi, ce qui aurait facilement pu se produire. Deux heures plus tard, Olivier recouvrait délicatement les notes du clavier, enfilait tristement son paletot, refermait lentement la porte de sa loge et s'excusait bonnement auprès du gérant de l'avoir retenu aussi tard. Quand ce dernier revint me libérer de mon perchoir, j'aurais voulu m'écouler avec l'eau rongeant les tuyaux... Mais il comprit et promit de ne jamais relater mon aimable sottise.

À la fin de son contrat au Mercier, Olivier s'installa au Café du Nord où il me pria de le rejoindre. Nous nous connaissions depuis près de deux mois et il jugeait préférable que je laisse mes habits de majorette de façon à nous fréquenter régulièrement. J'acceptai rapidement la proposition et j'assistai fidèlement à sa première représentation. Léo Rivet partageait la scène du premier vrai club qui m'accueillit, là où j'allais goûter à l'alcool la première fois. Gorgée non dégustée, ni savourée, ni répétée d'ailleurs! Sachant que je n'avais jamais avalé de spiritueux, mon hôte commanda un «bon petit drink» à mon intention, un dry martini en l'occurrence. Vous voyez pourquoi une seule gorgée me suffit. À elles seules, les olives m'avaient rassassiée.

— Mon bel amour! s'est exclamé Olivier quand il me rejoignit au fond de la salle.

— Oliver, penses-tu qu'on sert du café ici, dit-il avant d'éclater de rire en me montrant du doigt les dix-sept dry martinis intouchés, placés côte à côte, très proprement, auprès des bâtonnets dépouillés de leur minuscule fruit vert.

Quand son rire se fut calmé, Olivier s'agenouilla devant moi, s'accouda à mes genoux et me dit en prenant grand soin de ne pas me froisser qu'on pouvait se procurer de petits bocaux d'olives spécialement destinés aux dames qui adorent grignoter...

Combien m'auraient grondée? Remarquez que je le méritais. Une note d'une cinquantaine de dollars pour croquer une vingtaine d'olives farcies, ça se pardonne difficilement. Mon ignorance n'était qu'une infime composante de ma personnalité. Olivier se réjouit tout de suite de ma simplicité qui l'a souvent fait rire.

Et je semblais lui porter chance! Enfin, selon lui, lorsque Radio-Canada communiqua avec lui la toute première fois, il me tint responsable de cette bonne fortune.

Les résultats de cette entrevue à la société d'État me parurent pourtant fâcheux; mais nous passâmes sous silence la triste rencontre à partir du lendemain matin. Ainsi, un modeste Ti-Zoune snobé par de hautains employés de la maison du boulevard Dorchester longeat-il des corridors, ou plutôt, les murs des corridors menant à son rendez-vous. Des yeux grands d'étonnement ou carrément dédaigneux fixaient le phénomènedit-crapaud; on l'observait avec attention, de près comme de loin.

En réalité, on l'avait convoqué pour une audition, ce qui l'avait outrageusement insulté.

— Tous mes regrets, messieurs; vous savez très certainement où je travaille le soir... C'est là que vous pourrez m'apprécier à ma juste valeur. Dites, est-ce que vous ne l'auriez pas déjà fait en fin de semaine dernière, demanda-t-il le sourcil relevé, avant de quitter le studio?

Ses allusions n'étaient pas jetées à la légère; tous les soirs où des personnalités assistaient incognito à une représentation, le grand comédien repoussé à cause de la sympathie du peuple l'apprenait quelques instants plus tard par l'entremise de sa bonne amie Manda, bien placée pour les repérer car elle distribuait les programmes à l'entrée.

Olivier Guimond n'entendit plus parler de Radio-Canada pour quelques mois. Il avait, nous avions, d'autres préoccupations.

Chapitre 6

SIENNE

Sienne. Oui, d'une minute à l'autre dans nos coeurs, et d'un jour à l'autre dans nos chairs. Trois mois s'étaient écoulés depuis ma première visite chez lui et j'avoue qu'alors, je regrettais presque de ne pas l'avoir incité à me déshabiller. Mon rigorisme avait peu à peu disparu pour donner libre cours à la sève qui bouillonne en nos veines quand le bonheur la réchauffe. Pour avoir plus de liberté, Olivier me fixa rendez-vous au bar de l'hôtel Mansfield. Pressentant que j'allais céder à la moindre avance, j'empruntai à l'insu de ma soeur de délicats sous-vêtements offerts en toute occasion par son charmant époux. Le garçon nous versa du Pernod comme s'il remplissait ses responsabilités à tout hasard et Olivier me demanda si je désirais nous voir servis dans une suite réservée plus tôt dans la journée. En pénétrant dans la plus luxueuse, je me sentis chez moi: un salon spacieux, une immense chambre, un riche mobilier.

Pour notre première véritable intimité, pour le premier vrai rendez-vous où nous ne risquions pas d'être importunés par l'arrivée soudaine d'intrus, Olivier avait soigneusement choisi le nid où je ne ressentirais aucune étroitesse, aucun emprisonnement. Il m'invita à m'asseoir sur le plus grand des divans et rapprocha la table à café pour que nous soyons assis confortablement, mon dos appuyé à sa poitrine. Des dizaines de questions, des centaines d'incertitudes et des milliers de gênes défilent dans la tête d'une femme se donnant une première fois à un homme et c'est avec mille délicatesses et de patientes heures de tendresse que le mien réussit à me dévêtir. Ses caresses m'emportaient mais toute vierge s'affole dans l'étreinte. Sachez que l'homme que vous appréciez tant a mis toute sa tendresse pour éviter l'effroi des premiers échanges. Les quarante-deux ans contestés par ma mère m'offraient d'enivrants romans impensables auprès d'un garçon de mon âge, auprès d'un jeune homme dans la vingtaine et même auprès d'un adulte dans la trentaine.

J'avais tout trouvé: un papa autoritaire, un ami tout aussi à l'aise en copain, un guide et, enfin, l'amant. J'étais sienne, et pour toujours, lui-même s'y était engagé. Et, il allait le montrer. Ce fut le début d'un conte de fée.

Lors de son premier engagement à l'extérieur de la métropole après notre rencontre, Olivier me pria par téléphone de le rejoindre à Saint-Jérôme. J'y arrivai par autobus, toute fière d'une nouvelle robe d'un bleu pâle aux fins motifs blancs et à la poitrine savamment rehaussée d'entre-deux de dentelles. Pour respecter les exigences de la mode, je m'étais procuré une toilette portable sans soutien-gorge.

— Ma chérie, je t'achète immédiatement trois robes si tu retires celle-là, dit Olivier aussitôt mes bagages déposés. Non, non. Je n'aime pas du tout ces airs frivoles! Ça ne te ressemble pas et je trouve dommage qu'on croit que tu n'es qu'une enjôleuse.
— Olivier, tu ne penses pas ce que tu dis, m'étonnai-je.

Oh oui, je le pense, songea-t-il tout haut sans donner plus de détails, comme la plupart du temps.

Car la plupart du temps, la physionomie d'Olivier valait cent fois ses dires. Ces trois robes, nous sommes allés les acheter de ce pas; la bleue, il l'a déchirée et mise à la poubelle.

— Ni avec moi, ni avec d'autres, ni seule: tu ne la porteras plus jamais, dit-il pour clore la discussion.

Cette première leçon m'empêchait implicitement de connaître la valeur de l'argent et cela se poursuivit tout au long de notre union et beaucoup plus tard par la suite. Olivier lui-même n'en n'avait aucune notion. À partir de ce week-end, nous dépensâmes des fortunes pour que je le suive pas à pas partout en province. Déplacements publiés désormais par la presse artistique; reportages qui n'allaient pas amuser ma mère, vous comprenez!

Aussi, un soir où Olivier me visitait chez Georgette, il décida de passer chez les voisins et de les affronter pour de bon. Bien prêts, nous arrivâmes sans nous annoncer.

— Tiens, tiens! Si ce n'est pas le gérant de Manon, ça doit être celui que je crains, dit ma mère à notre entrée.

— C'est vrai, maman. Tu as raison depuis le début. Olivier est devenu beaucoup plus qu'un collègue de travail pour moi. Je l'aime, maman. C'est pourquoi j'avais besoin qu'il vienne avec moi pour te l'annoncer. Maman, c'est l'homme que j'aime, dis-je d'un trait. Papa, je te présente Olivier, ajoutai-je.

— Mais, ma pauvre p'tite fille, vous avez vingt-cinq ans de différence. Tu n'as pas l'air de t'en souvenir, dit-elle sans se soucier de la présence de l'objet de ses tourments.

— Maman, tu vois bien que je m'en fous! criai-je comme mon père se levait pour se diriger vers Olivier la main tendue.

— Je préfère que ma fille jouisse d'un cours classique plutôt que d'un cours secondaire ordinaire, énonça paraboliquement papa. Et je vous fais confiance de ce côté-là, cher monsieur Guimond.

— Vous serez très fiers de ma femme, vous deux, dit Olivier gaiement.

— Et qu'en ferez-vous, exactement, quand vous aurez profité de sa jeunesse? trancha maman.

— Madame Brunelle, je ne peux rien vous promettre d'autre que de l'aimer et si vous saviez combien cela importe pour moi, nous n'aurions jamais besoin de nous chicaner. Je vous en prie, faites-moi confiance aussi.

Mais ma pauvre mère allait souffrir injustement en laissant Olivier entrer dans ma vie. Des voisines qu'elle ne saluait qu'à l'occasion s'empressaient dorénavant à leur fenêtre, à leur balcon, pour l'arrêter au retour du marché, de la messe, d'une simple promenade.

— On dit que votre fille sort avec Olivier Guimond? questionnait une première.

— Faites attention, Madame Brunelle, parfois les cocus sont vilains, enchérissait une autre.

— Au fond, pensez-vous que ça pourra faire un mariage heureux? insinuait une tierce commère.

Méchamment, les curieuses reprochaient au futur gendre tout ce qui peut blesser une belle-mère aux prises avec une situation inhabituelle. Honteuse, ma mère me racontait tant de mesquines moqueries au souper qu'un soir un seul demi-bol de soupe me remplit largement l'estomac. De quel droit jugeait-on et bouleversait-on cette femme quand moi seule étais la cible de tant de préjugés, le sujet de tant d'effronteries? Je profitai de l'heure appropriée pour frapper à la porte de Madame X, à celle de Madame Y, à la fenêtre de Madame Z, à celles de leurs voisines d'en haut, d'en bas, d'à côté, d'en face. Un court message très précis dont je vous laisse imaginer la teneur répondit à chacune des invitations de m'asseoir pour un Coke ou à la table familiale. Les ménagères surprises pâlirent à tour de rôle et s'assirent pour entendre mes avertissements et mes appréciations peu flatteuses à l'égard de chacun de leur fils. Aucun n'arrivait à la cheville de celui qui contrariait sans s'en douter leurs plus vifs intérêts.

C'est maman qui avait raison depuis le début. Olivier avait bel et bien réussi à m'enjôler, à m'accaparer. Et moi, amoureuse, je n'avais ni l'intention de m'en cacher, ni l'intention de m'en priver. Je n'avais d'autre intérêt que mon amour et quand ma grand-maman chérie s'éteignit, ma peur de la mort et ma hantise de perdre un être cher étaient mortes dans mon coeur.

Chapitre 7

CHER BEAU

Le milieu artistique qui m'accueillit favorablement, était ouvertement surpris de mon penchant pour leur agréable collègue. On me félicitait souvent pour ma patience, car je retrouvais Olivier n'importe où, peu importe l'heure à laquelle il me ramenait. Selon moi, c'était normal de l'attendre. Il avait connu tant de belles femmes, dont plusieurs réputées fatales, que je m'interrogeais bien souvent pour savoir pourquoi il s'était attaché à moi.

En cette fin de notre premier hiver, je rencontrai Madame Effie Guimond, veuve d'Oliver Sr. Elle avait des réticences à l'égard de semblables fiançailles. Si pour ma mère ma jeunesse représentait un réconfortant bâton de vieillesse pour le futur époux, la carrière d'Olivier en représentait un pour moi aux yeux de ma sévère future belle-mère. De part et d'autre, ces opinions ne reflétaient que les idées de l'époque. Moi, j'étais très fière de mon apparence cette journée-là; et la fierté réciproque et évidente d'Olivier m'interdisait toute crainte de me voir dérober son argent. Restons-en là pour l'instant. De toute façon, cet artiste réputé était loin de jouir de la fortune qu'on aurait pu lui accorder devant l'ampleur de sa popularité.

Quelques semaines plus tard, cette carrière allait s'élancer au firmament de notre showbizz et ce que l'on avait dit du *lucky charm* mérita en l'espace de quelques autres semaines d'être sérieusement considéré. En effet, l'inoubliable grève des réalisateurs de Radio-Canada en 1959 lui ouvrit grandes les portes de la prestigieuse entreprise. Trente personnalités artistiques de toutes les branches montèrent gratuitement un spectacle pour aider les grévistes. Au programme, Olivier présentait son numéro à la fin de la première partie et le metteur en scène, Gratien Gélinas, clôturait l'événement à la Comédie Canadienne.

À la fin de son sketch, Olivier recourait à un comédien complice pour s'écrouler sur le plancher.

— Formidable, Monsieur Guimond, s'émut le metteur en scène à la générale. Je vais tracer à la craie l'endroit où vous êtes tombé et je vous prie d'en respecter l'emplacement. Vraiment, cette chute, ça m'amuse et l'endroit est tout désigné, complimenta-t-il encore en se baissant, craie blanche à la main.

— Écoutez, Monsieur Gélinas, jamais personne n'a décidé où je tomberais et, de plus, il ne faut jamais m'indiquer d'une croix de craie ou à l'aide de quoi que ce soit l'endroit que moi seul juge approprié. C'est assez pour que je tombe n'importe où ailleurs. Mais j'ai une suggestion à vous faire. Remarquez la latte et je vous jure que je tomberai toujours le nez là, sur cette même latte. Ça vous rassure?

À la face d'équipes dédaignant ses talents, Olivier Guimond fit fureur. Le premier à l'en féliciter en sortant de scène le soir de la première, ce fut le loyal homme de théâtre. Le lendemain, il priait même son nouveau héros de changer l'ordre des présentations pour tenir les spectateurs en haleine jusqu'à la fin du spectacle! Bien sûr, il ne l'aurait jamais dit, mais ce succès vengeait Olivier. Lui qui

Vers les années 20, Olivier
Guimond Sr: «Ti-Zoune» père.

D'origine irlandaise, Euphenia
MacDonald fit longtemps partie
du monde du spectacle. Pour le
public, elle était devenue Effie
Mack.

Olivier Guimond à
l'âge de 4 mois dans
les bras de sa maman
Effie Mack.

Déjà une figure
facilement
reconnaissable.

Dès son jeune âge, il aimait le sport.

Il arborait fièrement les rubans aux couleurs du Mont St-Louis.

Olivier Jr et son père Olivier «Ti-Zoune» Guimond.

Théâtre ARLEQUIN

· CHANSONNIER ·

Semaine du 8 Juillet 1934

"EXHAUSTE" Populaire Comédien

«Exhauste». Ce programme, datant de 1934, est une pièce de collection. Avant de porter le nom de «Ti-Zoune Jr», il avait joué quelque temps sous le nom d'«Exhauste».

Le père de Manon Guimond dans son salon de barbier, rue Joliette à Montréal.

Olivier Guimond Sr était admiré de tous; Olivier Jr suivant le cortège funèbre en 1954.

Une photo prise en février 1952 nous laissait voir
Olivier et Jeanne-D'Arc Charlebois.

Une des photos préférées d'Olivier, ses deux
fils, Richard et Marc.

Dans le bureau de M. Mandanice du Café de l'Est, on voit une équipe joyeuse : Léo Rivet, Georges Leduc, Olivier Guimond, Juliette Pétrie, Claude Blanchard, et Paul Desmarteaux.

Il travailla longtemps avec la regrettée Juliette Béliveau.

Deux as du rire, Olivier Guimond et Dominique Michel.

Une revue «Le Diable à 4» en compagnie de Christiane Breton, Gilles Pellerin, Janine Fluet, Denis Drouin, Roger Joubert, Olivier Guimond et Paul Berval.

Une scène en compagnie de Madame Muriel Millard.

Un portrait de Ti-Zoune
père. Olivier et sa mère.

Ma première
participation sur
scène en compagnie
d'Olivier, Manda et
Willie Lamothe.
C'était en février
1958.

Jean Grimaldi avait fait d'Olivier Guimond fils le pilier de sa troupe au début des années 50.

Manon Brunelle
(Manon Guimond),
Lise Richard et
Huguette Bouthillier.

Luc et Olivier.

Olivier jouait à merveille les rôles de gars soûls.

Deux grands amis, Olivier et Willie Lamothe.

Olivier «Tarzan» Guimond et Manda, dans une scène au théâtre.

Une revue au Casa Loma, on reconnaît Oliver, Paul Berval et les regrettés Lise Duval, Gilles Pellerin et Denis Drouin.

Un jeune à ses débuts, Claude Blanchard.

Madame Rose «La Poune» Ouellette a souvent conseillé notre grand comique.

Olivier lors de l'hospitalisation
à Sacré-Coeur.
Ce séjour à l'hôpital
allait lui sauver la main.

avait toujours l'air malheureux marcha plus allégrement. La vie lui souriait pour de bon.

— Cher beau, fis-je un matin, mine de rien, je sais très bien que tu sais très bien ce que tu fais quand tu joues les vulnérables...

Seuls ses ulcères d'estomac attristaient maintenant ses journées. Ou plutôt, ses débuts de soirée. Un trac fou attisait les brûlures qu'un dix onces de brandy avalé d'un trait avant chaque représentation ne pouvait guère calmer. Avant chaque spectacle, j'assistais à la même scène qui s'est répétée tout au long de mon existence à ses côtés. Pendant une, deux et parfois trois heures, Olivier déambulait de gauche à droite, où qu'il soit, dès l'instant où il songeait à sa représentation de la soirée. Il ne mangeait donc pas avant de ressortir du théâtre. Mais aussitôt sur scène, ni les ulcères, pas plus que le temps ni l'argent n'importaient. Seul son public comptait et sa province tout entière quand il évoluait pour votre téléviseur.

Olivier aurait pu mourir pour ne pas décevoir son public et peut-être vous a-t-on déjà raconté certaines anecdotes illustrant mes propos. Alors qu'il en était encore à ses premières apparitions devant les caméras de Radio-Canada, Paul Desmarteaux lui rendait la réplique pour un sketch présenté dans le cadre de *Music-Hall*. Olivier en fuite, caché sous une table nappée, tentait en vain de sortir de son gîte: Paul, l'ayant repéré, l'attendait armé d'un bâton de baseball. Olivier présente alors la boule de quille figurant sa tête et son adversaire assomme la bosse soulevant la nappe. Une fois, deux fois, trois fois. Malheur! Olivier lâche la boule et son camarade ne le réalise pas. Le bouffon risquant le tout pour le tout présente sa propre tête et reçoit le plus rude et le plus fatal des coups prévus par le scénario. Pendant de longues secondes, Paul ne put relever les bras. Il y eut un son sourd et un effondrement soudain. Tandis que ses chers téléspectateurs s'esclaffaient à nouveau, l'indomptable profession-nel perdait effectivement la boule. Une dizaine de points de suture rétablirent cependant assez vite mon enthou-siaste compagnon.

Les tournées reprirent, de plus en plus serrées. Le jour, nous visitions les environs. À tout moment, Olivier s'arrêtait, cueillait une fleur, me racontait une multitude de merveilleuses histoires inspirées tantôt par du jaune, tantôt une pétale, une feuille ou une bien fine brindille! Moi, j'écoutais. Pour rien au monde j'aurais voulu me trouver ailleurs. Le soir, accoudé au bar, il rattachait ses fables à chacune des étoiles du ciel; il m'emmenait d'un sourire dans de lointains pays, tous différents et aussi merveilleux. Madame Pétrie me demandait parfois si je ne ressentais pas de douleur dans le cou à force de l'écou-ter ainsi pendant des heures...

Une fin de semaine où il travaillait à l'hôtel La Salle de Grand'Mère, je préférai rester à la maison. J'éprouvais une certaine fatigue après tous ces déplacements aux-quels Olivier s'était habitué depuis des années. Il retarda donc son départ autant que possible et le lendemain matin, jour de mon anniversaire, il demanda à Denis Drouin de me ramener avec lui en fin d'après-midi. En fin d'après-midi, c'était déjà trop tard! Olivier me téléphona immédiatement après le départ de Denis.

— Joyeux anniversaire, mon amour. Je viens de louer un avion au Cap-de-la-Madeleine et tu reviens à Grand'Mère avec moi.

— T'es fou, Olivier! J'arrive demain. Tu ne peux pas attendre jusqu'à demain? Tu dépenses trop d'argent en caprices, mon amour.

— C'est ton anniversaire aujourd'hui et je veux abso-lument célébrer ça avec toi, affirma-t-il. L'avion décolle à dix heures. À tantôt!... Je te souhaite un merveilleux anniversaire! Et il raccrocha.

Croyant à une plaisanterie, à une gentille façon de m'offrir des souhaits, je me recouchai. Une demi-heure plus tard, le téléphone me réveille à nouveau!

— Es-tu prête, ma chérie? me demandait un Olivier heureux.

— C'est pas vrai! m'étonnai-je une fois de plus. J'ai cru que tu faisais des farces...

— Manon, il faut que tu sois à l'aéroport dans une heure trente. Sinon je repars et nous atterrirons devant chez toi.

À présent, je savais qu'il ne blaguait pas. Et si je n'étais pas à l'aéroport, il mettrait ses menaces à exécution et, jour d'anniversaire ou pas, l'idée d'atterrir sur la rue Joliette ne me souriait pas tellement! Je me préparai en vitesse et m'installai nerveusement au comptoir des petits aéronefs à l'aéroport de Dorval. Onze heures. Midi. Une heure. Deux heures. L'avion n'était toujours pas apparu dans le nuageux après-midi! On me demande enfin de me présenter au kiosque d'information du département. On m'y tend un récepteur.

Mon amour, s'excusait Olivier, je n'ai pu t'appeler plus tôt. Des problèmes de moteur ont retardé le pilote mais nous nous apprêtons à partir. Je te vois dans quarante-cinq minutes... Il raccrocha.

Imaginez une personne qui n'était jamais montée à bord d'un de ces engins? Enivrée, tout à fait enivrée: voilà dans quel état je foulai le sol là-bas; étourdie autant par mon baptême de l'air que par l'idée des centaines de dollars déboursés pour le plaisir de m'avoir à ses côtés.

Le lundi suivant, un réalisateur publicitaire m'annonce que sa compagnie m'a choisie après les auditions effectuées la semaine précédente pour dénicher le porte-parole du savon Dove dans les commerciaux télévisés. Olivier m'avait encouragée à concourir pour le poste qui paierait des royautés pendant des années. Cependant, ni lui ni moi ne croyions que j'allais être choisie première devant la jeune dame aux cheveux noirs qui nous avait vanté la douceur du produit pendant des années.

— C'est Dove ou c'est moi, dit Olivier dès l'annonce de l'imprévisible nouvelle.

Ce fut lui. Et un appartement que nous louâmes près du Jardin botanique et où nous passâmes tout au plus une dizaine de nuits en quinze mois, soit celles où il ne travaillait pas lorsque nous étions à Montréal. Autrement, nous retournions terminer nos nuits chacun dans nos familles.

— Olivier, t'as refusé de me laisser tourner ce commercial et je comprends très bien pourquoi, rappelai-je plusieurs jours plus tard dans notre chambre d'hôtel de Québec. Mais j'ai besoin de m'intéresser à quelque chose et d'accomplir quelque chose moi aussi. Qu'en dirais-tu si je m'inscrivais à des cours? Quelque chose de rapide! Ça me permettrait également de gagner un peu d'argent de temps en temps...

Chapitre 8

SEIZE HEURES DE TROP

César, mémorable production de Radio-Canada, occupait presque tout le temps d'Olivier. Je l'accompagnais là aussi, dans ces vastes espaces alors déserts tout le long du boulevard Henri-Bourassa. Ce jour-là, on tournait les scènes de motocyclette et comme il disposait à volonté du véhicule, il me proposa une balade. Brillante idée!

Olivier, tel un motocycliste averti, démarra rapidement. Nous n'avions pas franchi cent pieds, vlan! les poignées cèdent. Arrachées, inexplicablement!

Et bonjour fossé! Des égratignures: six ou sept, je crois, par plaques un peu plus larges que chacune de mes articulations endolories. Olivier s'en sortit intact et se redressa en deux temps, trois mouvements. Intact? Du moins physiquement. Les nerfs, c'est autre chose.

Pour nous remettre de nos émotions, Olivier obtint son congé du plateau.
— Allons au bateau, veux-tu? invita-t-il.
— D'accord. Mais allons manger d'abord, suggérai-je.

Nous nous dirigeons donc vers le Commodore Yacht Club de Pont-Viau où nous nous attablons devant des spaghetti pour commencer. Après son repas, Olivier commanda un cognac, deux cognac, trois cognac.

— C'est le dernier, Olivier? N'est-ce pas? m'inquiétai-je. J'ai les nerfs en compote; tu sais bien que je suis toujours craintive quand je vais à l'eau.

— Garçon, un cognac. Du café pour Madame, s'il vous plaît! fit-il, froissé, les lèvres un peu serrées.

— Olivier, je ne voulais pas te blesser. Mais tu commandes un cinquième et je m'en vais! Comment veux-tu que j'aille relaxer sur le bateau si tu bois autant d'un seul trait?

— Un cinquième, garçon! Amenez-en un autre immédiatement, dit-il quand on lui servit le précédent.

Je me levai et bondis d'un pied alerte vers le premier des taxis en file à la porte du restaurant de la populaire marina. «Dorchester et Atwater» dis-je au chauffeur. En roulant vers le nouvel appartement de ma soeur et son époux, je réfléchis à notre dispute et me souvins de propos tenus par Olivier quelques mois auparavant. «Pour ma part, ce n'est pas une femme qui m'empêchera de boire», proclamait-il. Mes récents commentaires et mon ultimatum l'avaient probablement beaucoup plus insulté que je ne l'imaginais à table...

— Manon, aurais-tu l'obligeance de m'expliquer ce qui se passe? demanda ma confidente en m'apercevant.

— Je suis très fâchée. J'ai eu une dispute avec Olivier. Fallait bien qu'y en ait une première un jour.

— Bon! Oublie la chicane pour l'instant. Une infirmière de l'hôpital de Cartierville voudrait que tu communiques avec elle à ce numéro, dit-elle en me tendant un redoutable bout de papier. Manon, Olivier est à l'hôpital. Il est tombé du bateau, m'annonça-t-elle.

— Manon Brunelle? D'accord, répondit-on immédiatement. Monsieur Guimond est ici. Il demande à vous voir et voudrait que vous lui apportiez des vêtements propres.

— Que lui est-il arrivé? m'énervais-je.

— On vous expliquera quand vous arriverez, dit-elle avant de m'indiquer l'aile à laquelle m'adresser. Non, rien de grave, rassurez-vous.

«On vous expliquera...» «On vous expliquera...» Ce bout de phrase résonnait dans mon cerveau. J'imaginais Olivier honteux d'être tombé à l'eau, honteux d'avoir ingurgité un cognac en trop, assis, trempé jusqu'aux os, sur une chaise miteuse au bout d'un long et froid corridor de clinique. Pour l'instant, il fallait traverser la ville en entier pour prendre des vêtements chez sa mère à l'angle de Dandurand et Pie-IX. Pour ne pas l'affoler il fallait mentir. Puis, vêtements secs sous le bras, je pris un autre taxi et traversai la ville dans une troisième direction. Dites, notre première dispute s'avérait dispendieuse!

En fait, c'est le chirurgien qui allait tenter de sauver ses doigts qui m'expliqua la situation. D'abord, il m'invita à parler à Olivier dissimulé derrière d'épais rideaux verts. Sur sa civière, il divaguait. Il avait pourtant demandé des vêtements un peu plus tôt mais la douleur avait eu raison de sa mémoire; il avait toutefois réussi à prononcer mon nom et à dicter le numéro de téléphone de Georgette. Son bras saignait abondamment. D'énormes coupures lui avaient saccagé l'avant-bras; des doigts et des os de sa main ne tenaient qu'à un fil...

— Deux hommes l'ont repêché, m'avisa le médecin. Il sombrait pour la deuxième fois lorsqu'ils l'ont aperçu, précisa-t-il. Monsieur Guimond avait déjà fait démarrer son bateau et j'imagine qu'il perdit l'équilibre en s'écartant trop brusquement du quai. Comme vous voyez, il est tombé sur l'hélice. Encore chanceux de ne pas s'y être accroché à nouveau en s'évanouissant! Je ne peux pourtant pas confirmer que nous réussirons à sauver ses doigts. Le pouce risque fort d'être amputé.

Moi, je croyais qu'Olivier était surtout chanceux d'avoir été sauvé de la noyade. Les deux braves sauveteurs étaient déjà repartis et je ne pus leur faire part de ma gratitude.

Olivier passa quelques heures en salle d'opération et je téléphonai à sa mère. Elle arriva au centre hospitalier comme Olivier revenait à sa chambre. Un plâtre recouvrait ses blessures et les infirmières nous informèrent de son hospitalisation pour au moins une semaine. «Rentrez chez vous», nous conseilla-t-on.

Une heure du matin. Je reprends un autre taxi et retourne dans le sud de la ville. Je trouve Georgette hors d'elle-même. La main toujours accrochée au récepteur, elle m'explique que l'hôpital d'où j'arrive me demande d'y retourner immédiatement.

— Ne vas pas à la chambre d'Olivier. On l'a ramené en salle d'opération... m'avisa-t-elle.

C'est à bord d'un jet que j'aurais voulu embarquer. Pourquoi Olivier avait-il désobéi aux recommandations de son infirmière? S'il avait besoin d'uriner, il n'avait qu'à la sonner. Mais ces hommes, voyez-vous, ne croient jamais avoir besoin d'une femme pour soulager leurs petites nécessités, même pas lorsqu'ils sont encore sous l'effet de l'anesthésie. Et le mien s'était levé, tout étourdi et s'était fendu la tête en tentant de se retenir à l'évier.

Une quinzaine de jours à l'hôpital, voilà ce qu'il lui en coûta. Olivier garda toujours le souvenir de ce séjour où il accepta de témoigner, plein d'émoi, pour le testament du célibataire occupant le lit voisin du sien qui, deux jours plus tard, dans la quarantaine, succombait à une banale intervention chirurgicale au foie.

Messieurs les anges gardiens qui sauviez la vie d'Olivier en ce tragique lundi, sachez qu'il fut toujours des plus élogieux et des plus reconnaissant à votre égard. Car ce pouce sauvé miraculeusement allait lui rapporter plus tard la célébrité, avec le fameux commercial de la Brasserie Labatt: «Lui, y connaît ça».

Chapitre 9

PIQUE ATOUT

Alors que Paul Berval, Gilles Pèlerin, Denis Drouin et mon incomparable Guimond fondaient la troupe *Pique Atout*, je poursuivais des cours de manucure rue Amherst. J'emmagasinais les notions qui, pensais-je, allaient me permettre de prouver à Olivier que j'étais aussi une femme accomplie, professionnellement parlant. Je ne pourrais vous dire pourquoi, car l'affectueux caricaturiste ne m'avait rien reproché de ce côté-là. Mais cela déplaisait néanmoins à Olivier, vous devinez pourquoi!

Au bout de trois semaines de leçons assidues, j'obtins un certificat de qualification et quémandais à maman les vingt dollars que j'aurais eus en bourse si j'avais gardé mon poste de majorette ou si j'avais accepté de promouvoir un certain produit de beauté... J'informai ma mère que les applications en bonne et due forme m'agaçaient, que j'allais proposer mes services aux plus chics salons de la ville seulement, que j'avais besoin du montant en question pour être une postulante à la hauteur là où, très sélectivement, j'accepterais de travailler! Je promis même de rembourser la somme empruntée dès le lendemain. Entre-temps, Olivier savait sans doute comment il arriverait à m'en détourner.

Malgré ma certitude, je n'ai pas décroché d'emploi ce vendredi-là. Toutefois, le lundi matin suivant, le directeur du salon de beauté de l'hôtel Windsor m'offrait, par téléphone, un emploi permanent de manucure au centre. Vous conviendrez que je marquais un point. Bien qu'il s'agisse du salon le plus sérieux et le plus réputé en ville, Olivier n'appréciait maintenant plus la proposition. Ni, bien entendu, l'emballement en découlant... Ne savait-il pas déjà qu'aussi peu d'entraînement me nuisait d'avance? Pourtant, il m'encourageait à tenter l'expérience... Et le mardi matin, je franchis une somptueuse arcade donnant sur un somptueux tapis! À ma gauche, une immense cafetière d'argent; à ma droite, un employeur stylé qui m'apprend que je touche dorénavant un peu plus de cent vingt dollars par semaine. Pour soigner mes premiers clients j'étais aussi nerveuse qu'à mon entrée. Puis ce fut un choc lorsqu'Olivier et ses trois as de compères entrèrent en coup de vent, comme si aucun d'entre eux n'avait la moindre idée du prénom de la manucure de la maison.

— Ces messieurs sont des artistes, me prévint mon patron. Veuillez leur porter une particulière attention et ne pas les faire attendre, mademoiselle Brunelle.

Sous l'oeil de l'autorité, je veillai aux doigts de Paul, Gilles et Denis. Quand Olivier me présenta les siens, j'éclatai en sanglots.

— Écoutez, monsieur, vous vous trouverez une autre manucure, dis-je en me retournant vers mon supérieur. Ces gars-là, je les connais; ils sont en train de se moquer de moi. Et je sais très bien pourquoi, dis-je, en larmes, avant d'accepter le mouchoir tendu par un des complices.

Ceux-ci, mine de rien, me prirent chacun du bout des doigts et me sortirent de l'établissement du même pas ferme que j'avais en entrant.

96

Après cela, quelle femme oserait encore chercher un emploi? Moi, pas. Mais l'imagination d'Olivier ne tarissait jamais. Autre temps, autres moeurs, dit-on; autre temps, autres manifestations, pourrai-je avancer à son égard.

Un samedi soir ordinaire où la troupe attirait la foule au Café Saint-Jacques, le goût de l'aventure le saisit soudain.

— Mon amour, nous partons pour New York par le prochain avion, m'annonça-t-il en regagnant la loge.

— J'espère que tu peux me dire pourquoi, demandai-je sans vraiment me soucier de ses intentions.

— Il est grandement temps que tu voies l'Empire State, non? dit-il pour me rassurer.

— T'as aussi réservé des places pour demain après-midi? enchaînai-je, pour souligner le plus subtilement possible qu'il travaillait le lendemain soir, moins de vingt-quatre heures plus tard!

— Nous serons de retour, ne t'en fais pas, dit-il avant de se taire tant que nous n'aurions pas survolé la terre américaine...

«Deux cinglés» se sont exclamés nos amis lorsque, le lendemain en fin d'après-midi, nous révélâmes notre escapade. François Pilon, propriétaire de l'inoubliable établissement, s'enquit de savoir si Olivier était fatigué et s'empressa de manifester son admiration pour un homme aussi actif.

— Je ne me suis pas déplacé pour rien, patron, reprit Olivier. Nous sommes allés à New York pour nous marier, révéla-t-il à ma grande surpise en signifiant à ses amis la plaisanterie.

Durant le spectacle, l'ami Pilon organisa la noce célébrant la nouvelle union. Des seaux scintillants où reposaient des champagnes rares nous attendaient sur des tables exquises montées pour l'occasion. Ni Olivier, ni l'un ou l'autre de ses coéquipiers, ni moi n'osions nier l'authenticité de l'union à présent! Ces noces, sachez aussi, se sont poursuivies très très tard dans la nuit. Tous et toutes, moi y comprise, avons bu à la santé de Monsieur Pilon et au bonheur du merveilleux marié.

D'une certaine façon, je me considérai dès le lendemain matin comme Madame Olivier Guimond, ce que je n'avouai pas avant qu'il ne m'ait réellement épousée.

Puis, Pique Atout eut besoin d'une chanteuse-comédienne. Jo Anne Lachance décrocha le titre. Au début, Olivier s'impatienta de ses grands airs alors que, selon moi, Jo Anne était une fille solitaire. Je décidai de me charger de la distraire dès notre première rencontre. La distraire me fournirait une amie dans ces soirées où j'avais autant hâte qu'Olivier de retrouver ses compagnons de travail. Si nous allions chez un ami avant le spectacle ou si nous en retrouvions d'autres après tous les rappels, j'invitais Jo Anne à nous suivre. Le seul endroit où je n'ai jamais pensé à l'emmener, c'est dans mon lit, aux côtés de celui qu'elle cajolait déjà dans ses projets. Tandis que le tout mijotait, elle me confiait attendre un enfant d'un jeune fantaisiste dont je tairai l'identité car je n'ai jamais pu vérifier l'existence de cette grossesse, ni jamais osé parler au supposé papa.

Les jours suivants, alors que Pique Atout s'occupait des spectateurs du Casa Loma, Jo Anne s'énervait pour des riens. «Olivier, me prêterais-tu ci, Olivier me prêterais-tu ça?» répétait-elle au début de chaque soirée.
— Mon Dieu, Olivier! T'as oublié tes boutons de manchettes dans ma loge, alla-t-elle jusqu'à trouver un soir.

Olivier me conseilla de ne pas me tracasser à ce sujet; Denis Drouin, de me méfier d'elle...

À l'époque, des menstruations irrégulières me retinrent à la maison en de fâcheuses circonstances et Jo Anne profita de l'occasion pour distraire la pauvre âme esseulée. Si j'arrivais à passer une robe pour assister à un spectacle, il la prenait avant de passer chez moi et étant donné mes faiblesses et mes douleurs, je lui demandais de me déposer avant de la reconduire chez elle. Olivier m'avait parlé si souvent et si amoureusement de nos vies réunies que je ne pouvais supposer qu'elle arrosait ses entractes de vodka, de gin et de tout ce qu'elle pouvait trouver pour faire penser à elle, pour occuper ses nuits en tournée.

Quelque peu rétablie, je les suivis pour quelques jours à Québec avant de revenir à Montréal, de nouveau affaiblie. Un soir, après son spectacle, il me téléphona de l'hôtel Montcalm où les associés séjournaient en visite dans la Vieille Capitale. Au même instant, l'ingénue Lachance qui travaillait dans une autre salle de spectacle, pénétra dans le hall en s'écriant: «Oliver, Oliver» du même accent qu'empruntait incidemment ma belle-mère. «O.K. D'accord!» Et il raccrocha. Jamais Olivier n'avait agi aussi curieusement! Il savait et répétait qu'on devrait toujours m'aborder ganté de blanc. «Donne-moi le sel» n'éveille pas grand-chose pour moi. «Tu peux me passer le sel, s'il te plait?» représente à l'opposée une joie. Donc, Olivier me cachait quelque chose. N'avais-je pas entendu une voix connue l'interpeller au moment même où il semblait paniquer?

Je saisis mon récepteur, appelai la ligne aérienne reliant Montréal à Québec le plus rapidement possible. Portant une longue perruque et un costume Jackie Kennedy je me dirigeai vers l'aéroport. Quatre-vingt-dix minutes plus tard, nous survolions le point le plus chaud de la Terre! Fouillant mon sac, je me souvins soudain d'avoir trouvé un double de la clé d'une certaine chambre portant le numéro 98. Chiffre qui m'apportait une peur sournoise. Fort, très fort battait mon coeur. Certes, je voulais savoir; certes, mon coeur devait se soulager; certes, j'aurais préféré rentrer chez moi! Comme le doute pèse lourd...

J'arrive au Montcalm, monte directement sans saluer l'employé de nuit que je connais très bien et m'arrête brusquement devant le numéro sacré, la main paralysée à hauteur de serrure. La porte cède légèrement sous ma pression et Olivier croit que le livreur de mets chinois apporte des breuvages oubliés.

— Merci, répondis-je à son invitation d'entrer.

— Manon! Voyons, mon amour! Qu'est-ce qui se passe? dit-il en se redressant, étonné de ma ridicule allure.

— Grand temps que je m'ouvre les yeux, non? m'écriai-je exaspérée. Puis, par orgueuil, j'ai menti:

— Pauvre petite fille, dis-je à Jo Anne, t'en fais pas... Tu me rends un énorme service. Olivier, je ne l'aimais plus vraiment.

Mes mensonges n'apaisaient pas ma rage. Je m'approchai de mon ennemie et saisis les deux seules bouclettes qui, sur ses joues, sortaient d'un long et épais toupet très carré. Je tirai de toutes mes forces, à droite, à gauche, jusqu'à ce qu'elle fléchisse et en tombe à genoux.

— Manon, Manon, suppliait-elle. Olivier, c'est toi qu'il aime! Je t'en prie, Manon, crois-moi!

J'ai compris tout à coup que sa stupeur était plutôt de la peur et, dégoûtée, je réalisai combien elle était faible.

— Olivier, donne-moi cinq dollars. J'en ai besoin pour prendre l'autobus, quémanda-t-elle.

Énervé, pris de panique, Olivier lui cria:

— Méchante, tu es méchante. Ne laisse jamais croire à Manon que je te donne de l'argent, rectifia-t-il.

Évidemment Olivier sombrait.

— Niaiseuse, entrepris-je pour le laisser à ses remords, si t'as besoin d'un beau p'tit cinq piastres pour prendre ton beau p'tit autobus pour rentrer dans ton beau p'tit hôtel, c'est pas comme ça qu'il faut demander! Regarde bien, regarde comment on fait.

Je demandai à Olivier de me rendre ce qu'il avait en poche. Ce qu'il fit sans rechigner.

— Combien pour ton autobus? demandai-je.

— Il me manque cinq dollars pour rentrer...

— Tiens, en voilà trente, coupai-je. Et prends-les vite! terminai-je en montrant la porte laissée ouverte.

— Manon, je te demande pardon, dit-elle en se retirant à reculons. Je t'en supplie, crois Olivier!...

Je la suivis dans le corridor. Bang, bang, bang, à la porte de Gilles Pèlerin.

— Allez, hurlai-je. Tu trouves une cigarette puis un Coke pour Manon sinon Manon va faire une crise, menaçai-je.

— Qu'est-ce qui se passe, s'enquit Denis Drouin par sa porte entrouverte.

— Y se passe que j'ai besoin d'un briquet. Et que ça bouge, répondis-je.

— Ça n'a pas l'air d'aller rond, rond, rond, se permit à son tour Paul Berval.

— Vous trois, mes belles faces d'hypocrite, je veux vous voir tout de suite au 98.

— Denis, je ne me sens vraiment pas bien, dit Olivier plié en deux comme nous revenions à sa chambre.

Son fidèle camarade demanda un médecin. Deux cent cinquante-cinq de pression sanguine. Mais quelque quatorze heures plus tard, les quatre compères donnaient leurs trois spectacles au Baril d'huîtres...

Chapitre 10

LOIN DES YEUX, LOIN DU COEUR

Six mois s'écoulent sans que ni l'un ni l'autre des principaux intéressés, ni l'un ni l'autre des principaux témoins ne reparlent de l'événement du Montcalm. En fait, tous l'oublièrent aussi facilement que n'importe quelle bévue du métier... Jusqu'à ce qu'Olivier me confie avoir à nouveau besoin des talents de mademoiselle Lachance. Je répondis que la boisson lui avait fait perdre la tête pour cette femme qui m'avait trahie, une femme qui se disait mon amie!

— Viens nous voir ce soir au Café de l'est. Tu verras, tu n'as vraiment plus rien à craindre, suggéra Olivier.
— Non, je n'y vais pas. Tu veux la garder avec la troupe? C'est bien! Mais c'est fini entre nous deux. De toute façon, si ce n'est pas elle, il y en aura sûrement d'autres qui finiront par profiter de toi si tu ne peux résister devant les bouteilles...

De septembre à décembre, mes vingt-trois ans s'écoulèrent presque entièrement entre mon lit et ceux de l'hôpital Maisonneuve. Admise pour étude de défectuosités digestives, on constatait bientôt une dépression nerveuse. À quoi s'ajoutaient des menstruations irrégulières qui, ces semaines-là, ne cessaient de m'indisposer.

Toutes les nuits, Olivier téléphonait; mais j'avais prévenu la réceptionniste de ne me transmettre aucun de ses appels. Par une nuit pluvieuse, une nuit glaciale où ma voisine opérée du matin ronflait à réveiller les bûches, Olivier entra précipitamment par la fenêtre. À quatre heures du matin, je ne m'attendais pas à ce qu'un homme monte quatre ou cinq étages par un escalier de secours pour s'introduire dans ma chambre, fût-ce le mien depuis près de cinq ans! «Mon amour, mon amour! Je t'aime, je t'aime!» s'écria-t-il en s'élançant sur mon lit. Pauvres roulettes! Elles n'en demandaient pas tant. Eh oui! Mon lit alla frapper celui de l'autre patiente qui s'éveilla, cria, s'évanouit.

L'infirmier, l'infirmière, l'interne et le gardien de sécurité arrivèrent en trombe dans la chambre. Olivier était toujours agenouillé sur le pied de mon lit qui retint l'élan du personnel accouru.

— Je l'aime, je l'aime, criait-il toujours quand les employés le poussèrent dans l'ascenseur. Je m'évanouis à mon tour...

La veille de Noël, Olivier me téléphona chez moi. Mon amie Huguette qu'il voyait de temps à autre m'avait avisée de ses intentions et nos grandes camarades Mireille et Jeanne que je revoyais plus souvent depuis ma séparation, fêtaient avec nous lorsque l'appareil retentit. Depuis la fin d'octobre, soit depuis sa folle visite, on me disait aussi qu'il ne buvait plus.

— Bonjour, mon bel amour, dit-il comme si je ne l'avais jamais quitté. Je te souhaite un Joyeux Noël.

— Merci, répondis-je. Je t'en souhaite un joyeux aussi. Olivier je ne peux te parler longtemps, je suis avec mon médecin, inventai-je en premier et dernier ressort.

Je raccrochai et sortis dans la cour arrière, sans penser à prendre un manteau, sans même sentir le froid. Et je pleurai de toute mon âme.

Une semaine après le Jour de l'An 1963, Yolande Servant, récemment séparée de Claude Blanchard, m'offrit un emploi au Domino, établissement réputé pour ses spectacles. Je n'avais jamais vraiment travaillé de toute mon existence et ne connaissais absolument rien au travail de waitress. Yolande m'a vite appris à manipuler cabarets vides et cabarets chargés et mon premier vendredi, elle m'assigna la plus achalandée des sections. La patronne en m'accordant du travail, m'offrait une raison de me raccrocher à la vie. De plus, je rencontrais énormément de gens. Ainsi, je ne pensais plus à Olivier qu'en me couchant le soir.

Je m'informai bientôt d'un client régulier. Depuis quatre ans, sur ce même banc, il pleurait l'échec d'un unique amour. Aucune femme ne saurait le sortir de là, affirmaient mes collègues. Ç'aurait été le plus laid, ç'aurait été le plus hautain des hommes, il ne fallait pas me défier aussi légèrement. Une semaine après notre rencontre, le Roméo en question me déclarait son amour... Au départ, il ne jasait pas beaucoup, c'est vrai, mais partant incessamment en voyage autour du monde par affaire, il me pria de le suivre. Déjà, il m'avait offert bijoux et parfums. Une garde-robe pour l'accompagner dans son déplacement m'attendait chez le couturier de mon choix.

Entre-temps, Olivier téléphonait au club et aussitôt sa voix perçue, je raccrochais. Roméo partit enfin en voyage et je m'amusai de plus en plus avec de plus en plus de copains du milieu artistique. Mes règles abondantes se raréfiaient et le moral s'en portait royalement. Je m'endormais à cinq ou six heures du matin. Ou ne rentrait pas si mes amis ne pouvaient venir chez moi parce que nous y avions célébré trop bruyamment deux ou trois nuits de suite. Ma mère rêvait qu'Olivier revienne.

Un triste soir de mars où la clientèle restait au chaud chez elle et où, de toute manière, je ne me sentais pas bien, je surpris Olivier assis à une table en me retournant vers de nouveaux arrivés.

— Bonsoir, dit-il le premier comme je m'arrêtai à sa table en revenant.

— Bonsoir, répondis-je. Que puis-je te servir?

— Un Coke, s'il te plaît.

Je réalisai, abasourdie, qu'Olivier ne burait réellement plus depuis six mois! Mon Dieu! Depuis six mois, Olivier ne buvait plus afin de me retrouver bien à lui! En le revoyant, je compris que mon coeur battait encore pour lui.

Chapitre 11

FEMME POUR DE BON!

Évidemment, Olivier revenait me chercher. De mon côté, je proposai de le revoir de temps en temps, de sortir avec lui en compagnie d'amis. Je n'avais pas seulement voulu lui faire la leçon en le quittant l'automne précédent. Je pensais vraiment le quitter irrévocablement. Trop souvent l'avais-je écouté pleurer ses enfants, ses propriétés et tout son monde quand l'alcool exacerbait sa sensibilité. La boisson lui avait aussi causé bien des soucis avec Jeanne-D'Arc.

— Nous nous sommes trop aimés pour nous contenter d'être des amis, plaida Olivier avant de me demander de l'épouser.

J'acceptai. Les larmes aux yeux. Mais les longues procédures pour annuler ses deux précédents mariages, dont un premier catholique, n'allaient nous accorder ni la bénédiction de Rome ni l'autorisation de la Justice de sitôt. À 19 ans, Olivier avait épousé devant Dieu et les hommes une Irlandaise de 27 ans, une danseuse de ballet du nom d'Evelyne Drummond. Neuf mois ensemble dans une chambrette de jeunes mariés; neuf mois à se disputer sur le choix d'amis, neuf mois résumés par un dernier baiser à la gare d'autobus. Evelyne disparue aux États-Unis, ce qui explique pourquoi Jeanne-D'Arc ne pouvait passer chez monsieur le curé.

Du 5 mai au 5 juin suivant, des menstruations perpétuellement troublées me clouèrent à nouveau à un lit d'hôpital — séjour qui était en fait un troisième rendez-vous avec la mort. L'hystérographie subie quotidiennement par des milliers de femmes m'a transférée du jour au lendemain de mon lit de patiente à l'antichambre funéraire de l'hôpital Maisonneuve. En effet, lorsque les infirmières introduisirent sans anesthésie les fins tubes rigides visant à dégager les liquides nécessaires à la radiographie interne de mon utérus, mon ventre entier révulsé se cramponna aussitôt sur eux, empêchant le corps médical de les retirer... Si on tentait d'inciser, aussi bien me trancher la gorge. La panique s'empara rapidement du département impuissant devant semblables réactions et les cinq gynécologues qui m'avaient hospitalisée pour examen inventèrent sur place toutes sortes d'alliances chimiques pour dénouer les muscles aux prises avec les douloureux dispositifs. Au contraire, ces atroces injections renforçaient les contractions. Enfin, ils abandonnèrent la partie; il était scientifiquement et humainement impossible de résister. Dans mon ventre, les aiguilles tordues entre les couches musculaires de mon abdomen seraient retirées lors de mon embaumement.

Ah, ce que j'avais hâte à mon embaumement! Allongée entre six gigantesques cierges funèbres allumés depuis l'application de l'extrême-onction sur tout mon corps, je ne ressentais même plus les injections de dernier recours. Les yeux rivés au plafond, le ventre déchiré de part et d'autre, j'implorais les anges de descendre me chercher quand j'entendis une infirmière supplier l'interne de la laisser m'administrer un comprimé auquel on n'avait pas encore songé, vu ses faibles propriétés. Une vulgaire pilule qui rétablit la situation en l'espace de quinze minutes! À mon grand soulagement, au grand soulagement de toute une équipe bouleversée!

«Mademoiselle Brunelle, vous ne pourrez jamais enfanter», m'avisait le lendemain le porte-parole des cinq experts après examen. Souvent, Olivier parlait de notre premier enfant et de ceux qui viendraient ensuite... Toujours aussi innocente et probablement aussi à cause de mes règles irrégulières, je ne me préoccupais jamais de dates, de conception ou de contraception. Me retrouver enceinte aurait été le fruit du hasard... Et quel hasard!

Fin juillet, Olivier songe à accompagner Paul Desmarteaux et son épouse Aline Duval pour des vacances bien méritées en Beauce. Bien sûr, je suis... Un mois plus tard, nous rentrons, reposés et bienheureux.
— Regarde-moi dans les yeux, dit maman avant de répondre à mon bonjour. Ma p'tite fille, t'as les yeux d'une femme enceinte, supposa-t-elle d'après les symptômes évidents de la médecine traditionnelle.
— Voyons, maman, tu sais aussi bien que moi que c'est impossible, dis-je en repensant à un certain diagnostic de certains gynécologues...
— Ma p'tite fille, tu vas aller porter ton urine à la pharmacie aujourd'hui. Si t'es enceinte, je ne trouverais vraiment pas ça drôle! T'entends? J'exige une analyse aujourd'hui même!

Ce qui fut fait pour qu'elle se taise. Bien sûr, je n'avais pas été menstruée depuis deux mois; chez moi, c'était très normal puisque depuis l'âge de quatorze ans mon cycle ne s'était jamais répété aux mêmes intervalles. Je me suis donc pliée sans crainte à son ordre. Je ne sais trop s'il en est encore ainsi car je n'ai vécu qu'une grossesse, mais la pharmacienne me proposa deux tests. J'optai sagement pour le plus dispendieux, soit le plus effectif, pour ne pas être obligée de revenir à cause de possibles doutes de maman devant les résultats d'un examen moins élaboré.

Le lendemain, chez Olivier, je m'informai des conclusions.

— Tu sais bien que c'est impossible, mon amour. Pourquoi t'énerver? commenta mon homme comme je signalais le numéro du laboratoire.

— Bonjour. Ici Manon Brunelle. Je téléphone pour obtenir les résultats de mon test d'urine... Mon test de grossesse?...

— Un instant, s'il vous plaît, je reviens avec votre dossier, répondit-on. Mademoiselle Brunelle, c'est positif, m'annonça alors la responsable.

— Par- par- par- don? bégayai-je. Positif? Positif, ça signifie que je suis enceinte? demandai-je, frémissant de la tête aux pieds.

— C'est exact, mademoiselle, prononça-t-elle lentement comme je revoyais la triste figure de l'expert confirmant que ça ne se produirait jamais.

Accrochée à l'armoire sur laquelle je laissai choir le récepteur, je cherchai rapidement le regard d'Olivier. Il s'approcha en me fixant curieusement et me prit dans ses bras. Comment réagit-il, me demandais-je en déversant mon bonheur sur son épaule.

«La voilà la preuve que t'es une vraie femme, ma chérie, murmura-til ses lèvres posées sur mon front. Nous l'aurons notre p'tit bébé d'amour!»

Sa mère arrivait comme nous exprimions nos joies d'un baiser; mais d'un clin d'oeil nous convînmes de ne pas lui annoncer l'étonnante nouvelle immédiatement. Mieux vaut s'empresser chez mon gynécologue, le docteur Groulx. Sa science l'étonnait maintenant autant que mon mystère. Très heureuse, j'étais toutefois très énervée.

Depuis cinq ans, je faisais l'amour avec le même homme sans jamais me préoccuper de maternité et sans engendrer une seule fois; trois mois auparavant, on m'arrachait quasiment l'utérus; me voilà enceinte.

Réellement, Olivier avait aussi raison de s'inquiéter... Comme nous revenions chez lui, sa mère l'avisa que le gynécologue d'où nous rentrions, demandait de le rappeler au téléphone, détail beaucoup plus important que je ne le figurai. Je me demande encore ce qu'Olivier put m'en raconter et je ne me suis même pas arrêtée aux explications ultérieures. De toute manière, il retourna au bureau du médecin et j'appris pourquoi seulement deux ans plus tard.

Dès septembre, maman profita de la première visite d'Olivier pour tenir de louables propos.

— Écoutez, Olivier, Manon est enceinte. Vous dites que vous l'aimez! Est-ce que vous prenez vos responsabilités?

— Bien sûr, Madame Brunelle, répondit Olivier en appuyant sur les syllabes.

— Parfait! Alors un logement dans les plus brefs délais avec des meubles et tout ce qui faut pour l'habiter et...

— Des menaces, tranchai-je fortement.

— Non, Manon! Faut éviter le scandale!

— Madame Brunelle, je suis assez vieux, vous le mentionnez souvent, pour prendre mes responsabilités. Et je n'ai pas besoin de vos directives pour m'en charger, termina-t-il.

Évidemment, les commentaires des voisines dictaient indirectement l'attitude de maman. Si mon fils de dix-sept fréquentait une femme de trente-huit ans, par exemple, j'aurais peut-être moi aussi une réaction imprévue.

Chapitre 12

NOTRE FILS

Bientôt, nous dénichâmes un logement très agréable dans un nouveau quartier à la limite de Ville d'Anjou. Seule l'ancienne montée Saint-Léonard menait au coquet foyer où une jeune future maman comblée se surprenait à rêver accoudée aux fenêtres panoramiques donnant sur de larges espaces ouverts sur la ville. Ma grossesse m'apportait une santé inconnue et jamais retrouvée et mes amies parlaient entre elles et en ma présence d'une «Isabelle dans sa tour». Je me permettais bien quelques sorties; ainsi, le samedi matin, je me rendais aux studios de Télé-Métropole où mon chien devenait la vedette — amie de l'oncle Pierre dans le cadre du Capitaine Bonhomme...

Cependant après quatre mois de vie dans un ventre, un embryon parvient difficilement à se dissimuler et, nous devions mettre ma belle-mère au courant. Olivier me suggéra de le lui annoncer moi-même. Madame Guimond ne connaissait pas les motifs de notre concubinage. Jusqu'à l'été précédent, son fils couchait chez elle au moins trois soirs par semaine.

Quand je lui dis apporter une bonne nouvelle, elle demanda:
— Et laquelle?

— Je suis enceinte...

— *What?* s'exclama-t-elle, et je la sentis dégoûtée. Comment ça se fait? quel genre de médecins vous consultez, vous? continua-t-elle d'une voix saccadée.

— Madame Guimond, dis-je pour la calmer. Ils se sont tous trompés! Ce n'est pas du cinéma! C'est arrivé parce que ça devait arriver!

— Faut croire... Bon bien, je n'ai plus rien à vous dire. Elle raccrocha.

Neutre, complètement neutre! Olivier en fut grandement peiné, cela va sans dire. Papa, toujours sublime, réconforta cependant le futur père.

— Ce sera le plus beau, ce sera le plus intelligent! Tu verras, mon gars! dit-il dans l'enthousiasme, unissant tous ses petits-enfants dans un même amour.

Ainsi encouragé, Olivier se mit à répéter semblables déclarations.

Je portai mon enfant comme n'importe quelle maman. Olivier et moi allions souvent chez sa mère qui manifestait maintenant une chaleureuse hospitalité. Tant mieux! Madame Guimond semblait désormais réjouie d'être à nouveau grand-maman! De leur côté, France et Carole, deux nièces adolescentes avec lesquelles je m'étais liée d'une complice et active amitié, me trouvaient changée, un peu plus engourdie. Un soir où l'une d'entre elles me frappa accidentellement mais brutalement le ventre, elles trouvèrent la réponse à leurs questions. La presse artistique soulignait l'événement et le milieu nous en félicitait et nous en félicitait encore!

Le 27 mars 1964, je devais accoucher. Mais lors d'un premier accouchement, la date peut varier d'une dizaine de jours. Cette année-là, cela tombait le dimanche de Pâques mais aucune horde de lapins blancs ne livra à Olivier le coco tout rose que je lui avais promis pour ce jour béni entre tous. Dès le 28, je m'adonnais à des exercices physiques exigeants, culbutes y comprises. Le dimanche 4 avril suivant, en l'absence d'Olivier retenu à Grand'-Mère, j'avise ma bonne amie Simone Berval, l'épouse de Paul, que je n'en peux vraiment plus!

— Simone, il faut que ça arrive, ça n'a plus de sens! pleurnichai-je.

Hystérique, j'entrepris de nouvelles acrobaties et nous nous tordions encore de rire quand je m'écriai:

— Ça y est!

En revêtant une tenue plus chaude, je remarquai un saignement et jugeai préférable de communiquer avec mon médecin avant d'aller à l'hôpital. Accouru, il me dévisagea curieusement en m'apprenant que, non, mes eaux n'étaient pas crevées; il prévoyait cependant un bien banal travail de quatre à cinq heures tout au plus... «Un bel accouchement», pensait-il. Arrivée en salle d'urgence à minuit trente le dimanche soir, j'accouchai le mercredi suivant, un peu plus de soixante-cinq heures plus tard, avec exactement dix jours de retard. Entre-temps, ce que le docteur Groulx craignait, ce qu'il avait confié à Olivier en privé se déroulait.

À peine étais-je étendue qu'un infirmier déclara, bien installé entre mes deux jambes, qu'il s'était trompé d'instrument visant à me préparer tout en soulageant l'étreinte. L'interne entra alors en scène, sondant, supposant que j'enfanterais de jumeaux d'une livre à deux livres chacun. «J'entends deux coeurs», dit-il devant ma déception de risquer d'avoir condamné deux enfants à naître infirmes. Une heure trente après l'affaissement libérateur, les ultimes douleurs n'arrivaient toujours pas. «Je dois être la Sainte-Vierge réincarnée. Encore une fois, j'engendrerai sans rien éprouver», commençai-je à plaisanter dans mon impatience. Aucune douleur, aucun serrement depuis quatre-vingt-dix minutes: comme si nous n'avions pas suffisamment compté déjà de phénomènes inexplicables. Puis, toutes les cinq minutes, j'eus de quoi regretter mes prétentions.

On m'installa sous la tente à oxygène et on me brancha aux fortifiants liquides. Olivier venait d'arriver à la course, Simone veillait toujours, Georgette pleurait à ses côtés, ma mère et ma belle-mère se téléphonaient toutes les heures: j'en avais encore une trentaine à surmonter. Mais mon bébé ne bronchait plus, comme s'il avait refusé de mettre les pieds sur terre, apeuré par l'équipement chirurgical de bienvenue. Une césarienne? Trop tard pour y penser. Les douze heures d'interrogation, de suggestions, de consultations qui suivirent se passèrent à mon insu. Lorsque je me suis réveillée, je souriais plus facilement que mes visiteurs et mes surveillants. Une femme peut même se demander si on n'est pas en train d'accoucher à sa place face à de telles mines. Sur quoi je dus m'évanouir à nouveau car je me retrouvai seule dans cette superbe suite 507 de l'hôpital Maisonneuve. Je me levai, enragée, indignée, et traînai la patte jusque dans le corridor.

— Georgette, m'écriai-je en la reconnaissant en premier lieu, je n'en veux plus de mon bébé! Je n'en veux plus! Je n'en peux plus! Qu'est-ce qui m'arrive? délirai-je.

Je n'avais plus le choix, l'héritier de son père avait franchi la moitié des étapes. Pourquoi ne voulait-il pas sortir de moi? Pourquoi ne l'aidait-on pas? Pour répondre à ces questions, un chirurgien suivi de deux colossales infirmières, d'un anesthésiste et de quelques assistants, s'assemblèrent avec empressement autour de mon lit... encore douze heures plus tard! Comme on me recouvrait le visage du masque d'éther, le supérieur ordonnait à l'infirmière à ma droite de monter sur mon ventre et indiquait à l'autre les parois qu'elle devait masser et frapper pour obliger l'enfant à m'évacuer. En fin d'après-midi, ce 7 avril 1964, un merveilleux garçon merveilleusement propre, un Luc tout éveillé — et ça se comprenait, faisait de moi la femme la plus heureuse du monde!

Assise devant l'unique bébé de sexe masculin bien en évidence au milieu des dix-sept fillettes de la pouponnière voisine, je dévorai ce soir-là un steak comme on s'en prépare rarement. Lorsqu'il revint le soir à ma chambre, Olivier me semblait plus ennuyé que réjoui par cette naissance inespérée. Il avait tant craint pour ma vie. Il m'a pourtant embrassée sans arrêt; il m'a pourtant répété quel bel homme deviendrait son fils; il m'a aussi exprimé sa reconnaissance à maintes reprises. Son air trahissait cependant ses soucis. Il ne parlait presque pas mais il s'efforça néanmoins de paraître enjoué au téléphone.

— Maman, j'ai une bonne nouvelle, dit-il à la dame qui s'informait assidûment de ma condition auprès de ma mère. J'ai un beau garçon, ajouta-t-il en appuyant sur l'adjectif.

— Quoi? s'indigna-t-elle. Vous ne l'avez pas donné?

Le visage soudain inondé de larmes, Olivier raccrocha le récepteur sans intervenir. Voilà donc ce qui expliquait cette inhabituelle gentillesse: Madame Guimond pensait depuis le début qu'Olivier et moi avions décidé d'abandonner l'enfant et que nous ne reparlerions plus jamais ni de cette grossesse, ni de cet accouchement, ni de ce fruit de notre amour. Son fils ne gagnait-il pas cette année-là quelque soixante-quinze mille dollars? Ne nous adorions-nous pas? Ne venions-nous pas de connaître la chance de fonder une famille? Croyait-elle que nous renoncerions à un tel bonheur? Olivier lui-même n'en croyait pas ses oreilles. Moeurs, religion, honte, égocentrisme. Que penser? Pouvions-nous tout au moins espérer qu'elle sache bientôt combien cet enfant-là était désiré.

Le lendemain matin, dès huit heures, le téléphone résonnait dans le couloir de l'hôpital. C'était Olivier pour me dire: «J'arrive.» Deux heures plus tard, il étalait sur mon lit une jaquette de vison que je chéris encore tendrement.

Chapitre 13

TRAGIQUES
RETROUVAILLES

Début d'août, nous recevons un appel téléphonique du Danemark. Sans ressources, hospitalisée, Jeanne-D'Arc avait besoin de la présence d'Olivier: Marco venait de se faire tuer.

En soirée, leur cadet insistait pour aller gratter sa guitare dans une de ces boîtes de Copenhague où, traditionnellement, chansonniers et comédiens travaillent gratuitement dans des salles aménagées à leur intention et où, peu à peu, les couche-tard se joignent à la fête. D'abord réticente, Jeanne-D'Arc finit pourtant par monter dans la Renault avec ses deux fils et trois amis musiciens. Intuition? Fort probablement car le petit véhicule bondé ne fit pas longue route avant d'être happé à la croisée d'un chemin de fer par une locomotive à l'allure insoupçonnée. Projeté par le pare-brise, le garçon de onze ans s'éteignait instantanément comme s'il sombrait dans le sommeil. Son frère s'en tirait sans égratignure aucune, sa mère avec une fracture au bras et une hospitalisation de quelques semaines et les trois musiciens restèrent déséquilibrés suite à des fractures crâniennes.

C'était, en dix ans, les premières nouvelles qu'Olivier recevait de sa première famille. Effondré sur la table de la cuisine, il y pleura longuement son bébé qui, dans sa tête, n'avait toujours qu'un an et demi. Depuis quatre mois, Luc avait ranimé en lui une noble paternité. Néanmoins, malgré leur absence, Olivier parlait constamment de ses deux premiers fistons.

À chacun de leurs anniversaires, le 7 décembre pour Richard et le 7 juin pour Marco, nous débouchions du champagne et fêtions comme s'ils étaient parmi nous... Ces longues soirées remplies de nostalgie, nous les terminions en pleurant tous les deux. Olivier reprochait amèrement à leur mère de ne jamais lui avoir fait parvenir de photos. Ces photos, il les a demandées au Seigneur dans plusieurs de ses prières et il a supplié Jeanne-D'Arc dans toutes ses lettres sans en obtenir une seule. Le coeur déchiré à maintes reprises, il ne se décourageait jamais; il avait même fait préparer pour ses deux garçons l'arbre généalogique Guimond-Charlebois — nom véritable de leur mère. Mais chacune de ces missives revenait à leur destinataire portant la cruelle mention «Non accepté». J'ai tant vu Olivier pleurer ces deux enfants-là que je formulais des reproches à l'égard de Jeanne-D'Arc sans jamais l'avoir rencontrée. «Un jour, ils sauront. Tu pourras tout leur remettre personnellement, j'en suis certaine», le consolai-je chaque fois que ses lettres rebroussaient chemin. Quand je revois tout ça, je ne peux m'empêcher de penser qu'une âme aussi tendre n'était peut-être pas faite pour élever une progéniture. Il perdait ses deux premiers fils alors qu'ils étaient encore très jeunes et son troisième fils le perdait, lui, alors qu'il n'avait que sept ans...

Or, le câble transatlantique priait Olivier de se rendre en Europe le plus tôt possible car la maman éplorée n'avait pas de quoi enterrer celui que la vie lui arrachait si brusquement. Quel orgueil dut-elle fouler avant de quémander auprès d'un homme qui était mort et oublié depuis longtemps pour sa petite famille.

— Devrais-je y aller, ma chérie? Il faut que tu décides pour moi, dit Olivier en retrouvant la parole beaucoup plus tard en soirée.

— Écoute, Olivier, moi j'en ai un bébé et si je le perdais, j'imagine que je serais aussi bouleversée que toi et aussi embêtée que Jeanne-D'Arc. Je n'ai aucune raison de douter de ta fidélité et si tu t'en sens capable, vas la rejoindre. Oh! elle n'a certainement pas agi comme il se doit avec toi. Mais pense un peu à Richard. Tous deux ont sûrement besoin de toi.

Je voulais lui prouver que je ne craignais nullement qu'il revoie celle qui m'avait précédée dans sa vie. Au fond, c'était là l'objet du long silence qui avait succédé à ses premières réactions; il s'inquiétait inutilement des miennes devant son départ et surtout devant des retrouvailles, si loin de chez nous.

— Si tu ne veux pas que j'y aille, je n'irai pas.

— J'insiste pour que tu t'y rendes, Olivier. Sinon, tu le regretteras tôt ou tard et ça, tu le sais déjà très bien toi-même.

— O.K., fit-il, j'irai pour quatre jours.

Nous étions un mardi soir. Par un heureux hasard, il avait gagné une voiture le dimanche précédent dans un tirage organisé à Rigaud où il donnait un spectacle dans le cadre d'une foire annuelle. Accosté par un bambin lui offrant des billets, Olivier n'avait pu résister à encourager son jeune fan, à peine quelques minutes avant qu'on proclame le numéro gagnant, le sien! Le mercredi matin, Olivier qui touchait maintenant d'enviables cachets mais qui n'épargnait jamais au-delà d'un pauvre millier de dollars, vendit l'automobile pour quelque six mille dollars et téléphona à la soeur de Jeanne-D'Arc, Madeleine, lui proposant de l'accompagner en Europe. Elle n'aurait rien à débourser et le besoin de revoir sa soeur éprouvée et convalescente l'incita à suivre le papa en deuil.

Après avoir subi le choc d'une mort aussi soudaine, après avoir surmonté l'énervement de survoler l'Atlantique, il devait maintenant confronter Jeanne-D'Arc et enterrer son jeune fils, puisque là-bas les familles en deuil ensevelissent elles-mêmes leurs défunts. Mais le plus difficile serait d'affronter son aîné, croyait-il. Quelle idée Richard pouvait-il bien se faire d'un père qu'il n'avait presque pas connu, d'un homme dont il n'avait plus entendu parler, sinon, fort probablement, à tort et à travers? Quelle image d'Olivier se faisait ce grand fils? Celle d'un voyou? Celle d'un lâche? En tout cas, Richard ne savait pas qu'il était la vedette de toute une population...

Mais Olivier allait en surprendre plusieurs. En tout cas, il allait réjouir Richard: vêtu d'un élégant costume, n'ayant pas avalé une seule goutte d'alcool depuis trois bonnes années, l'adolescent n'allait guère reconnaître celui dont il gardait une vague image, celui dont on n'avait guère vanté les qualités durant la longue séparation.

— T'es un chic papa! s'exclama l'adolescent en lui sautant dans les bras à l'aéroport. Vraiment, je ne m'attendais pas à ça! C'est fantastique!

Toutes les six heures, Olivier téléphonait à Montréal pour m'assurer qu'il reviendrait comme prévu, à la date prévue. Jamais il ne parla de l'enterrement, il me dit toutefois s'être amusé comme un fou en magasinant dans la capitale danoise et en déboursant plusieurs centaines de dollars en vêtements et cadeaux de toutes sortes pour celui qu'il n'avait jamais pu gâter à sa guise.

À son retour, Olivier me dit qu'en lui passant la main dans les cheveux, Jeanne-D'Arc lui avait avoué qu'elle n'avait jamais connu le bonheur de retrouver un homme aussi juste que celui qu'elle avait abandonné sans regret sur un quai américain. Emballé, Richard l'avait de son côté supplié de rester avec eux.

Quinze jours plus tard, Madame Guimond s'apitoyait toujours sur le sort réservé à son défunt petit-fils. Je n'y comprenais plus rien. D'abord, elle refusait de voir celui que nous avions; ensuite, elle pleurait celui dont elle n'avait jamais prononcé le nom pendant une dizaine d'années comme si, au contraire, elle l'avait elle-même élevé. Personnellement, je ne pouvais accepter ni l'offense ni le fer qu'elle tournait dans la plaie d'Olivier.

— Écoutez, madame Guimond, lui téléphonai-je enfin. Arrêtez de pleurer, je vous en supplie. Vous passez vos journées à appeler Olivier pour vous soulager d'une peine dont je doute beaucoup. Mais si tel est le cas, pourquoi ne pas essayer de vous réconforter en tentant, juste un brin, d'aimer le p'tit bébé d'amour que nous avons ici. Ce petit ange-là, on ne demande pas mieux que vous l'aimiez. Vous tracassez injustement Olivier en refusant de voir son fils et laissez-moi vous dire que ce sont ses ulcères qui s'en ressentent le plus! Pourquoi ne viendriez-vous pas l'endormir vous-même cet après-midi? Ça nous ferait tellement plaisir, terminai-je oubliant mon instinct féminin au profit de mon amour maternel.
— Jamais, au grand jamais! renifla-t-elle. Le vôtre, c'est un bâtard. Jamais, cria-t-elle en coupant la ligne.

Maintenant, c'est moi qui pleurais, furieuse, indignée peut-être, très profondément blessée.
— Olivier, que Dieu ne nous enlève jamais notre fils, réussis-je à émettre. Tu peux t'attendre à ce qu'il y ait un meurtre dans les heures qui suivront. Dans ma confusion je supposais que la grand-mère de mon enfant en aurait souhaité la mort. La crainte, l'auto-défense, la révolte m'inspiraient de bien laides chimères, de bien laids préjugés. Mais le coeur d'une maman est parfois aussi difficile

à cicatriser qu'il peut l'être très aisément en d'autres circonstances.

— Tu la laisses dire, ma chéric. Oublie tout ça. Si tu
veux patienter encore un peu, les procédures ne devraient
tarder avant de nous permettre de nous marier et nous
serons très, très heureux, tous les trois, ensemble, tous
seuls tous les trois, jura-t-il.

Chapitre 14

LA CROISIÈRE S'AFFOLE

La naissance de Luc avait été si pénible que j'avais failli y laisser ma peau; Marco était mort de tragique façon; nos procédures légales ne donnaient toujours pas de résultats positifs et Olivier travaillait sans répit. «Nous méritons un repos», jugea-t-il et il réserva une cabine pour une croisière dans les eaux tropicales. Bienheureux de pouvoir partir pour la Noël 64, nous laissâmes Luc chez mes parents et nous nous embarquâmes pour la pire aventure de notre union. Nous quittâmes New York sous une pluie, qui nous rattrapa au bout de quelques heures, empruntant le même itinéraire que notre paquebot. Deux années d'angoisse succédèrent à ce périple, veuillez me croire!

La deuxième journée, mobilier et verrerie de toutes sortes accompagnaient le vacarme des vagues et tous s'enfermaient dans leur cabine. Les rares passagers sur le pont s'y attardaient vous devinez pourquoi. Heureusement, je n'ai pas souffert de ce terrible mal de mer mais les ulcères d'Olivier en profitèrent pour se manifester. Son estomac gonflait et se durcissait sous nos yeux!

— Oh, Manon, ça fait tellement mal! se lamentait-il, lui qui n'avait pas l'habitude de se plaindre de ces maux. J'espère que je ne gâcherai pas ton voyage...

Le malheureux Olivier cherchait en vain une explication à ces douleurs puisqu'il n'avait pas avalé une seule goutte d'alcool depuis très longtemps, c'était plutôt ses nerfs.

Le médecin du prestigieux bateau ne parlait pas l'anglais, encore moins le français. Seuls l'italien et une autre langue dont je n'avais jamais entendu parler signifiaient quelque chose pour un homme chargé de si lourdes responsabilités. Néanmoins il jugea bon d'hospitaliser mon conjoint dans une espèce de clinique militaire. Là, il prescrivit de l'eau, à la bizarre posologie d'une goutte toutes les demi-heures. Au début, Olivier croyait qu'on lui administrait un médicament mais au bout de quelques heures, il avait reconnu l'astucieuse façon de soigner un mal rendu indéfinissable par absence de communication. «Du lait», réclama-t-il bruyamment jusqu'à ce que d'autres employés du navire priés sur les lieux constatent les causes de ses souffrances.

Le troisième matin, alors que je m'éveillais dans la suite d'une famille de Dorval qui, partageant mon désarroi, m'avait invitée à dormir auprès d'eux, l'alarme retentit. «Naufrage» prévenait-on des passerelles. Nous étions à un peu plus de sept noeuds de Nassau. À tour de rôle, les enfants, les femmes et les hommes embarquèrent dans les chaloupes de sauvetage larguées une à une jusqu'aux flots. L'équipage se chargerait de nos bagages et nous les retrouverions à bord d'un autre bateau accosté à destination. L'idée de laisser Olivier dans une autre embarcation m'affolait mais il oublia vite ses douleurs et prit le temps de m'assurer que nous nous rejoindrions bientôt sur la terre ferme. Depuis deux jours, ne nous sentions-nous pas prêts à débourser un millier de dollars juste pour nous retrouver sur les berges de quelque îlot?

Sur les quais d'une pittoresque station portuaire, des indigènes revêtus de leurs costumes du dimanche (*sic*) nous accueillirent au son de complaintes folkloriques. Tranquillement, une somptueuse limousine s'approcha du quai comme je me pressais enfin contre Olivier. Les habitants du village s'approchèrent du majestueux véhicule et le passager arrière en descendit, distribuant billets et sachets à gauche et à droite. Puis, il se dirigea vers nous.

— Bonjour, Ti-Zoune, s'exclama-t-il d'une grosse voix rauque très très antipathique. J'me présente: moi, mon nom c'est... J'ai appris que vous deux voyagiez à bord du bateau qui coule puis j'me suis dit que ça t'ferait plaisir si j'venais à ta rencontre... Je préfère taire son nom pour ne pas humilier ses proches.

L'excentrique multi-millionnaire pouvant se permettre de se payer tout ce que sa lassitude pouvait inspirer, s'imposait d'un ton qui provoquait à tout coup chez Olivier une terrible chair de poule. Devant semblable attitude de la part d'un inconnu, une telle effronterie, Olivier devenait bleu et un rapide regard du coin de l'oeil confirma mon intuition. Ce genre de bienvenue m'indisposait aussi, vous vous en doutez! Bon, l'homme n'était peut-être pas des plus raffinés et s'avérait peut-être grossier, mais il agissait sûrement de la sorte pour nous tirer du pétrin, convenions-nous sans mot dire.

— Mon Ti-Zoune, danse-moi une p'tite claquette; ça te vaudra cent piastres, proposa ensuite l'intrus en claquant dans ses mains.

— Monsieur, vous m'en verseriez cinq cents et vous n'auriez toujours rien obtenu! répondit Olivier.

Je m'installai toutefois dans la limousine entre l'hôte et l'idole. Nous circulâmes le long d'un magnifique parcours ne menant qu'à la forteresse habitée par le propriétaire d'une multitude de terrains montréalais. Son fils, sa fille, son épouse et plusieurs domestiques et employés de tous genres habitaient aussi l'immense résidence de l'homme d'affaires en exil.

— Il ne m'impressionne absolument pas, murmura Olivier à mon oreille comme nous visitions les jardins qui couvraient les pentes à l'ouest du domaine.

À l'intérieur, un décor digne d'un reportage du plus sophistiqué des magazines de décoration! Miroirs, marbre, boiseries artisanales, pièces de collection, tableaux de styles classique ou futuriste, tout y abondait en un savant amalgame. Le riche homme m'invita à m'installer dans un fauteuil de fourrure blanchâtre et il appuya sur un bouton dont le brusque mécanisme fit basculer le dossier. Il désirait montrer son aisance; je criai de stupeur.

— T'es tellement nerveuse, ma p'tite, se permit de commenter le farceur en retournant vers son bar.

— J'ai très peur ici. C'est pourquoi je suis nerveuse. Au cas où vous ne l'auriez pas remarqué, je ne suis pas en train de vivre les heures les plus agréables de ma vie, répondis-je à son manque d'éducation.

Olivier me regardait toujours du coin de l'oeil. Son regard me suppliait de me calmer.

— De quoi as-tu peur? s'acharna l'étrange personnage.

— De vous, reçut-il comme réponse.

— Et qu'est-ce qui te fait peur comme ça?

— Écoutez, vous êtes un inconnu. Vous êtes venu nous chercher, nous, très précisément, sans que nous sachions comment vous avez appris notre présence dans les parages; vous considérez immédiatement Olivier comme un vulgaire esclave de plus et vous me virez sens dessus-dessous en tentant de m'impressionner. Entre-temps, nous ne savons même pas où nous avons échoué mais notre bon samaritain s'imagine que j'ai le goût de relaxer. Y a de quoi s'inquiéter, non?

— Énerve-toi pas comme ça, ça sert à rien! Tiens, on va s'préparer de bons p'tits drinks, dit-il pour changer de propos.

Il passa derrière son bar et remplit son mélangeur d'au moins une douzaine de spiritueux et d'essences. Embarrassé par mes paroles, Olivier se taisait. Pourtant, j'avalai petit à petit l'exotique breuvage qui, je dois l'avouer, calma mes nerfs au grand soulagement d'un Olivier dégustant son lait battu.

— Ma femme, cria soudain notre bavard compagnon. Viens ici!

Celle-ci, que nous n'avions pas encore rencontrée et dont nous ignorions encore la présence, apparut au haut de l'escalier.

— Cette femme-là me fait vivre, proclama-t-il à notre intention. Je l'aime pour son argent, ajouta-t-il moqueusement.

Décidément, nous ne devions pas nous sentir confortables très, très longtemps dans une atmosphère aussi artificielle. Olivier s'impatientait toujours quand les questions d'argent et de fortune alimentaient la conversation et je le sentais prêt à éclater devant l'insulte faite à la silencieuse épouse quand un «Ti-Coune» retentit à l'intention du fils du curieux ménage.

— Vous allez voir un des gars les plus forts du monde, prévint le père comme le pas de l'interpellé retentissait dans une pièce lointaine.

— Tu vas leur montrer ce que tu fabriques avec ce *directory*, dit-il à son rejeton.

Ce dernier obéit à son «papa adoré»: l'annuaire téléphonique d'une considérable épaisseur fut très aisément déchiré en deux!

Une heure s'était déjà écoulée lorsqu'une bonne annonça que le buffet était prêt au moment même où Olivier me signifiait que nous allions partir. Comme nous nous levions pour nous excuser, le millionnaire nous pria de le suivre. Au lieu de nous indiquer la sortie comme nous le supposions, il nous conduisit dans un autre jardin où s'étalaient les plus intéressantes pièces gastronomiques et florales parmi lesquelles scintillaient chandeliers, flûtes et seaux à champagne.

— Désolé, Monsieur, je suis vraiment fatigué et je suis encore malade. Un autre bateau nous attend et j'ai besoin d'une douche et de vêtements propres, prévint Olivier.

— Une demi-heure, pas une minute de plus, nous accorda l'autoritaire fêtard.

Le temps de monter à bord du nouveau cruiser et d'y ramasser nos valises, nous filions vers l'aéroport. Retenus à New York à cause d'une tempête de neige, on nous hébergea dans un dortoir pour enfants où devant tant de lits miniatures, je crus ne plus jamais revoir mon fils.

Vous comprenez maintenant pourquoi je ressentis beaucoup d'angoisse lorsque nous discutâmes voyages au cours des années suivantes. Deux mille cinq cents dollars à l'eau au sens propre, voilà ce que nous gardions comme souvenir d'un repos tant mérité, d'une croisière aussi décevante.

Chapitre 15

LA BAGUE AU DOIGT

Retrouver Evelyn Drummond et lui demander ensuite de renoncer officiellement au mariage la liant à un certain Olivier Guimond depuis une trentaine d'années, ça ne se résout pas du jour au lendemain. En fait, malgré son mariage, celle-ci ne pouvait être considérée chez elle comme l'épouse de ce monsieur puisque les dogmes de sa religion condamnaient et abolissaient toute union avec un fidèle d'une autre croyance. Elle pouvait donc épouser entre temps et comme bon lui semblait n'importe lequel de ses prétendants et, devant les résultats des recherches, nous pouvions tous supposer que c'était déjà fait. D'autre part, Olivier avait épousé civilement Jeanne D'Arbois à Woonsocket, en 1946, avec Fernande et Jean Grimaldi comme témoins. Ainsi, le jeune époux commettait innocemment le crime de bigamie. À l'époque, Olivier aurait pu être arrêté, jugé et incarcéré mais son romantisme, sa rêverie et l'infantile philosophie de ses trente-deux ans l'aveuglaient devant le bonheur qu'il partageait alors et l'Evelyn de ses vingt ans ne comptait certainement plus depuis plusieurs années...

Le mois suivant son retour d'Europe, Olivier achetait une maison sise à l'angle de deux magnifiques avenues du Nouveau Rosemont.

— J'en suis folle. Ça doit être merveilleux d'habiter là! m'étais-je exclamée quelques jours auparavant en passant devant le riche bâtiment à proximité de chez nous.

— Viens pas folle, ma chérie. Tu l'auras! avait-il répondu sans que je m'attarde vraiment à ses projets, répondant toujours d'ailleurs au moindre de mes caprices.

En emménageant dans notre première maison, nous décidâmes de transformer le sous-sol en un quatre et demie pour loger mes parents. Appareils ménagers, murs planchers et plafonds entièrement payés par Olivier, les attendaient. Pour nous, c'était une immense joie de les inviter à quitter le vieux quartier d'où ils n'avaient jamais bougé. Pour eux, c'était une parfaite excuse pour garder leur petit-fils lorsque, occasionnellement désormais, j'accompagnais Olivier en tournée. Celles-ci s'espaçaient de plus en plus, Olivier étant devenu la vedette de télévision dont on ne ratait aucun rendez-vous. Le *Zéro de conduite* partagé dès 1962 avec Denis Drouin et Paul Berval à l'antenne de Radio-Canada lui avait ouvert les portes de diverses émissions de variétés. À la télévision privée, il amusait maintenant les enfants assidus au Zoo du Capitaine Bonhomme en plus d'accueillir le public chaque semaine dans le décor de la télé-série de Marcel Gamache, *Cré Basile*.

En octobre 1966, de nouveaux développements survinrent dans la situation du statut matrimonial de celui dont je désirais amoureusement porter le nom. Quelque deux ans et quelque huit mille dollars plus tard, le frère d'Evelyn, d'abord hésitant et refusant toute collaboration, téléphonait à notre criminologue pour lui raconter que sa soeur avait épousé un riche compatriote, qu'elle avait élevé cinq enfants avec lui avant de s'éteindre quelques jours plus tôt.

Olivier a toujours aimé le sport, il faisait partie de l'équipe de Télé-
Métropole. On reconnaît entre autres sur la photo André Bertrand,
Claude Steben, Pierre Ste-Marie, Léo Rivet, Normand Knight,
Fernand Gignac et Robert Bisson.

D'autres amis, Paul Desmarteaux, Joël Denis, Muriel Millard,
Rollande Desormeaux, Michelle Sandry et Jacques Desrosiers.

Une autre grande dame du vaudeville, Madame Juliette Pétrie.

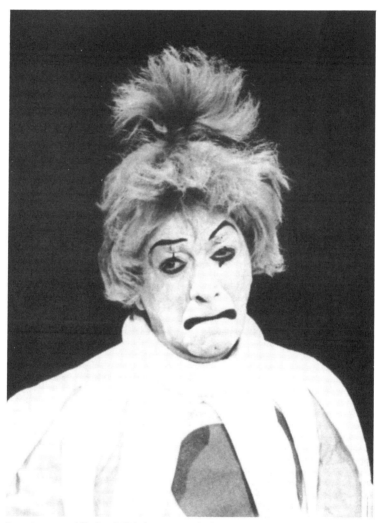

La photo préférée d'Olivier, maquillé en clown.

148

Différentes expresssions.

Olivier Guimond, Ovila Légaré, Denis Drouin et Yvon Dufour.

«À toi, Olivier, je dédie cette photo puisqu'elle exprime toute mon admiration et mon amitié que j'ai pour toi». Jean Lapointe, 30 janvier 1961.

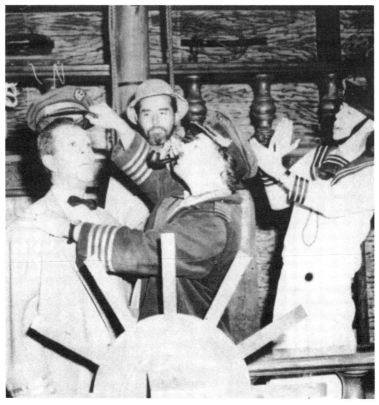

Son passage à l'émission du Capitaine Bonhomme dura plusieurs années. On reconnaît Michel Noël, Désiré Aerts et Gilles Latulippe. Juin 63.

En février 1966, Olivier Guimond recevait le titre de Monsieur
Télévision. En recevant ce trophée, il s'adressa au public: «Ce soir je
suis l'homme le plus riche du monde, ça me rajeunit de 20 ans. Et je
suis content de rajeunir de 20 ans parce que ça va me permettre de
vous faire rire et sourire pendant 20 ans de plus...»

Monsieur et Miss Télévision 1966, Dominique Michel et Olivier
Guimond.

Madame Brunelle, Luc et
Olivier et Manon
Guimond.

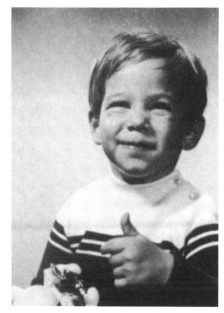

Luc même très jeune
avait la mimique de son
père.

Un moment de détente à la maison.

A notre chalet de Pointe-Fortune, Olivier et Luc devant notre magnifique yacht.

Un signe caractéristique, Maurice Legault de la Brasserie Labatt,
Olivier et Jacques Bouchard de l'agence BCP.

Une réelle amitié entre Olivier et Maurice Richard.

Encore à Pointe-Fortune, Claudine Bachand, Pierre Nadeau,
Jeannette Daniel, Olivier et Manon Guimond.

Lors du dernier voyage
d'Olivier.

Il n'y avait donc plus d'obstacle à mon mariage civil avec Olivier. Mais il tenait à demander à Rome l'annulation en bonne et due forme de son deuxième mariage contracté en Nouvelle Angleterre et sa longue séparation d'une dizaine d'années le lui permit en mars 1967. Pour aider Jeanne-D'Arc dans une difficile période, Olivier promit de lui poster mensuellement trois cents dollars. Déjà, il se chargeait des factures mensuelles de sa maman; tendre comme aucun, comment pouvait-il refuser d'alléger le fardeau de celle qui élevait toujours un de ses fils?

Le 19 septembre 1967, il pouvait enfin me passer la bague au doigt selon les rites catholiques. Une semaine avant nos noces, il en communiqua la nouvelle à sa mère en expliquant en détail les annulations des mariages précédents.

— Maintenant, tu pourrais peut-être rencontrer ton petit-fils, lui proposa-t-il. Contrairement à Olivier, je gardais rancune à madame Guimond de son attitude.

— Mon amour, c'est la vie. Nous, on est heureux! Pourquoi ne pas effacer tant de mauvais souvenirs, me suggéra-t-il malgré toutes les larmes qu'il avait lui-même versées à cause d'elle.

Olivier acheta un manteau de fourrure pour Luc et lui laissa choisir un pantalon blanc assorti, en cuir. Dans l'angélisme de ses vingt-huit mois, l'enfant ressemblait beaucoup à son père au même âge et de précieuses photos le montrent clairement. Cependant, la première déclaration de Madame Guimond en rencontrant son troisième petit-fils le jour du mariage de ses parents fut:

— *Allo, my baby. My God, Oliver!* C'est effrayant comme il ressemble aux Brunelle. *It's incredible.* Rien ne laisse voir que c'est un Guimond cet enfant-là!

— Oui, t'as raison, maman, répondit Olivier pour changer immédiatement de sujet et pour éviter de me blesser en ce grand jour.

J'avoue que je ne saurais exprimer à quel point la haine s'empara parfois de mon coeur. Je dois avouer aussi que cette première rencontre lia les deux inconnus et la grand-maman satisfaite montra par la suite énormément d'attention à l'égard de Luc.

Aujourd'hui, je regrette un peu de ne pas avoir insisté pour couronner mon mariage par une grosse noce qui aurait réuni des centaines et des centaines d'invités, ces nombreux parents et collègues et amis que nous côtoyions continuellement. Dans le milieu artistique, tous savaient que nous n'étions pas mariés mais pour de ridicules principes, nous étions forcés de nous cacher. Voilà pourquoi nous avions opté pour une réunion intime de neuf personnes assistant à la cérémonie nuptiale bénie en l'église Saint-François-Xavier du chaleureux village de Pointe-Fortune. L'adorable monsieur le curé Dandurand nous invita ensuite à le suivre dans son presbytère où sa bonne avait mis les couverts et astiqué la vaisselle des grandes occasions.

À table, ma belle-mère se permit une autre folie:
— Je viens de perdre mon fils, dit-elle en éclatant en sanglots.
Tante Annie, sa belle-soeur, trancha vite la question en suggérant:
— Oui, Effie! pas tout à fait cependant. En vérité, ma chère, tu gagnes une fille...
Huit sourires aux lèvres serrées asséchèrent rapidement ses larmes.

Après le repas, nous sommes tous revenus à Montréal pour nous retrouver au super club du Bonaventure. Comme nous ne disposions pas du temps voulu pour une lune de miel, maman ramena Luc à la maison et Olivier et moi louâmes une suite au grand hôtel. D'un commun et merveilleux accord, nous y restâmes au lit soixante-douze heures.

162

Nous habitions cette maison depuis trois ans, et Madame Guimond s'invitait pour quelques heures mais ne partait que trois ou quatre jours plus tard. Aussitôt qu'elle se sentait négligée, c'est-à-dire après une dizaine de minutes de silence, elle s'offusquait et pleurnichait quelques secondes afin de retenir à nouveau l'attention. Alors, elle devenait la plus charmante des dames, une interlocutrice très intelligente et très intéressante. La poupée de porcelaine d'Oliver Sr s'imposait comme centre de gravité. Mon défunt beau-père était en partie responsable de cette tendance qu'il avait lui-même renforcée en détournant faits et gestes quotidiens et extraordinaires vers l'immense séduction de demoiselle MacDonald qu'il avait connue danseuse dans sa propre troupe. Quoi qu'elle dise, quoi qu'elle exige — et ce n'était pas toujours des plus simples, le premier des Ti-Zoune s'y pliait. Fils unique, son successeur se devait de suivre ses traces.

— Combien ça coûte pour avoir la paix? soupirait mon homme.

Et sa tête porta toujours l'auréole des martyrs. Pour obtenir une paix tant recherchée, tant méritée, Olivier décida de faire construire une plus spacieuse maison à deux coins de rue de celle qu'il venait d'acheter quelques années auparavant. En fait, il commanda à ses entrepreneurs un triplex dont nous occuperions éventuellement les dix pièces du premier étage et dont mes parents occuperaient à nouveau le sous-sol. L'étage supérieur serait partagé en deux logements dont un loué par Nicole, la fille de Denis Drouin et l'autre, mis à la disposition de Madame Guimond. Tant l'aménagement, que les divisions, que la décoration de ces petits châteaux furent exécutés conformément aux recommandations et selon les besoins de chacun des éventuels occupants. Du fond du coeur, chaque jour de l'année, chaque année de sa vie, Olivier désirait plus que tout au monde rendre son entourage heureux. Et il y parvenait facilement, en flambant tout ce qu'il gagnait. Les «Qua qu'a fa la la?» et les «Lui, y connaît ça» pour lesquels il remerciait Dieu et les spécialistes qui avaient sauvé son pouce de l'amputation quelques années auparavant, rapportaient de fort jolies sommes! Oui, tout y passait, à part les quelques investissements dont il se serait privé s'il avait su avec quelle ignorance j'allais les administrer après son décès. Olivier imaginait qu'en nous rapprochant ainsi de sa mère, nous pourrions nous côtoyer régulièrement et nous retirer convenablement. Cette fois, sa paix lui coûtait cher. Par contre, on ne divise pas toujours une maison comme on le voudrait, l'architecte a ses exigences, et je tairai certaines effronteries, certains manques de respect à l'égard de ses bonnes intentions. Sachez-le, Olivier mangeait des claques en pleine face, dans la vie comme à la télé.

Cependant, Madame Guimond affirme que cette période de 1967 à la mort d'Olivier est la plus belle partie de sa vie aux côtés de son fils unique.

Ce fils unique, c'était aussi un homme unique et non seulement pour ses incomparables mimiques et ses dangereuses cascades de soûlon déboulant les escaliers. Ainsi, pour entourer notre nouvelle résidence d'un paysage approprié, Olivier retint les services d'un expert du Jardin botanique de Montréal, conseillé par Monseigneur Léger pour lequel il avait conçu les rocailles de l'Archevêché.

À cinquante-trois ans, Olivier demeurait aussi rêveur et crédule qu'à dix-huit. Jugez-en vous-même.
— Monsieur Guimond? dit un matin le jardinier en se signant d'un grand geste. Je suis venu vérifier le terrain (autre signe de croix); peut-être pourriez-vous m'indiquer ce que vous voulez exactement (un autre signe de croix)...
— Je voudrais des rocailles semblables à celles que vous avez préparées pour Monseigneur Léger, répondit

Olivier détournant son regard embarrassé par cet interlocuteur aux manières inhabituelles.

Avant même d'inspecter les lieux comme il l'avait lui-même suggéré, le jardinier sortit nerveusement son bloc-notes, se signa avec, tira son crayon, répéta son geste et esquissa quelques buttes avant de se signer à nouveau de la page qu'il présenta à mon époux. Je ne pouvais faire autrement que de l'examiner de plus en plus près et, à mon extrême étonnement, Olivier pria l'étrange personnage de le suivre à l'extérieur afin d'inspecter le terrain.

— Monsieur Guimond, j'veux pas vous f..., prévenait l'autre qui s'avançait aux prises avec son agaçante manie.
— Je n'ai aucune raison de le croire, cher monsieur, répondit Olivier debout dans la galerie. Pourriez-vous commencer lundi matin?
— D'accord, convint l'autre avec un signe de croix. Mais j'ai besoin de deux mille dollars pour l'achat d'équipement et de plantes. Quel genre d'arbustes et de fleurs préférez-vous?
— Je me fie à votre bon goût, spécifia Olivier en revenant à l'intérieur.

Tandis qu'il se dirigeait vers son bureau pour y signer le chèque, le jardinier debout bien droit sur le seuil de la porte entrouverte, éloignait les moustiques du geste saint dont vous ne pourriez imaginer l'impertinente fréquence. Pourtant, l'homme ne revint jamais travailler et, en vérité, ce fut pour moi un vrai soulagement. En effet, le lendemain, son épouse nous avisait qu'il avait été hospitalisé pour remédier aux problèmes de sa colonne vertébrale.
— C'est un bon catholique, un bon père de famille et il fait pitié, dit Olivier.

Il m'assura qu'il ne tenterait pas de recouvrer cette exorbitante avance versée sans que le moindre coup de pelle ait sali notre gazon.

Chapitre 16

SAGE COMME UNE IMAGE

Puisqu'Olivier désirait un autre enfant, je ne me préoccupais pas plus qu'avant ma première grossesse. Et bien que, tout en jasant, une voisine m'ait appris les dangers encourus — ce qui expliquait les craintes et l'énervement manifestés par Olivier lors de mon accouchement, — je priais avec ferveur pour engendrer à nouveau.

Arrivée à ce point, je devrais vous parler de la relation père-fils. Je suis un peu embarrassée de ne pouvoir vous décrire un garçon comme tous les autres, qui ne me donna jamais l'occasion de raconter à mes amies et parents des coups pendables. Pour lui, le comble du bonheur était d'être seul, des heures et même des jours dans sa chambre. C'était un enfant sans problème et nombre de fois Olivier commenta ainsi sa tranquillité:

— C'est plate, déplorait-il moqueusement. On n'a jamais besoin de le chicaner celui-là.

Faut dire qu'Olivier lui consacrait la moindre de ses journées de congé. De son côté, Luc adorait son père; personne ne comptait autant pour lui, et je le revois encore en train de dénouer les chaussures de l'artiste surmené pour lui passer les pantoufles qu'il préparait une demi-heure avant son retour. Son but dans sa jeune vie: faciliter celle de son papa d'amour, comme il l'appelait. D'ailleurs, Luc prononça «papa» bien avant de s'adresser à moi en disant «maman». Le temps qu'Olivier ne pouvait lui accorder, il le compensait par ses principes d'éducation. Ce que Luc considère aujourd'hui comme sa richesse personnelle!

Une seule anicroche lui avait sans doute inculqué très tôt une attitude exemplaire. À dix mois, le bébé s'était permis une petite crise soulignée de cris vraiment trop bruyants. Solidement accroché aux barreaux de sa couchette, il bondissait pour montrer son mécontentement d'être couché aussi tôt. Certains ne seront peut-être pas d'accord, mais je croyais, comme Olivier, qu'un enfant manifeste une forte identité dès le berceau. Olivier lui tapa sur les fesses et le claquement retentissant sur les couches de caoutchouc enragea le bébé. Il se mit à crier de plus belle. Olivier le coucha sur le ventre et l'avisa qu'il mériterait une véritable fessée s'il continuait. L'enfant affrontant son père se remit à sauter. L'autre le tapa mais l'enfant s'acharna dans sa révolte. Olivier le saisit par les deux bras et l'assit sans délicatesse sur son oreiller. Le petit le dévisagea avec le même sérieux que s'il avait l'âge de son papa! Il s'est tu pour la nuit. Plus tard, si Luc décevait le maître du foyer, il était invité à le suivre dans son bureau pour une réprimande qui prenait la forme de discussions prolongées d'où l'un et l'autre ressortaient épanouis, enlacés, ou brandissant les bras et les poings. Je n'ai jamais su ce qui se passait, mais chacun y trouvait son compte, je puis vous l'assurer!...

À onze mois, Luc marchait, ce qui inspira à son papa l'aménagement d'une salle de jeu où l'enfant pouvait démolir tout ce qu'il voulait, à la seule condition que sa chambre à coucher demeure propre, qu'aucun objet n'y traîne ou ne soit déplacé. Notre chambre à coucher nous était strictement réservée. Si nous désirions nous amuser avec lui en de rares dimanches matin de grasse matinée, il devait attendre que nous venions le chercher. Autrement, Olivier lui défendait d'y pénétrer ou de nous y déranger sans raison importante et cela pour lui apprendre le respect d'autrui. Un matin, il s'éveilla avec des couches trempées. C'était un mois après avoir exécuté ses premiers pas. Luc en tira des propres de son tiroir et, au lieu de frapper à notre porte, descendit au sous-sol et réveilla ma mère qui comprit en apercevant l'enfant, la figure souriante à demi dissimulée derrière les couches dépliées qui les agitait au-dessus de sa tête. Maman en a bien ri et Olivier de même lorsqu'elle nous le raconta à notre réveil.

À chaque repas qu'Olivier savourait à la maison, nous passions des heures à table. Alors qu'en tout il était la simplicité même, Olivier trouvait là l'occasion de satisfaire ses caprices de bon vivant. Sa table était sacrée et devait être préparée avec minutie. Lui qui avait couru toute sa vie, lui qui n'avait jamais vraiment eu le temps de s'arrêter, jouissait longuement de ce petit plat-ci, de ce petit plat-là, d'une entrée à la ci, d'une salade à la ça. Des hors-d'oeuvre aux desserts, je m'appliquais à la préparation de ce qui s'avérait la plus délectable — sans jeu de mot — de ses récompenses. Sa préférence gastronomique? Un rôti de veau pour le dîner du dimanche. Toujours, en juillet comme en janvier.

C'est attablé qu'Olivier entretenait les plus profitables échanges avec notre héritier. Le petit ne se retirait le plus souvent que deux heures plus tard et parfois plus. Sage, il y conversait sérieusement. Pour lui enseigner l'étiquette, comme ne pas mettre les coudes sur la table, par exemple, Olivier organisait des jeux compétitifs. Chaque fois que l'un d'eux prenait l'autre en faute, il accumulait des points au détriment de son adversaire qui, convenons-en, était plutôt un partenaire. Lorsque Luc n'avait commis aucune erreur depuis un certain temps,

Olivier vérifiait si l'objet de sa grande fierté avait bien retenu sa leçon. Ces méthodes donnèrent certainement les bons résultats escomptés. Parfois, je demandais à Olivier de laisser l'enfant se retirer de table, du moins jusqu'au dessert, mais, sévère dans son amabilité, il soutenait que tous doivent attendre que chacun ait terminé de manger avant d'excuser qui que ce soit. Luc apprenait entre-temps à manier ustensiles, plats et condiments et à respecter l'ordre des plats à l'aide de jeux semblables. Une seule fois, il refusa de manger. Olivier commençait à peine son plat de résistance mais il prévint son jeune interlocuteur:

— Quand on n'a plus faim à six heures, il serait étonnant d'avoir faim à six heures trente, n'est-ce pas?

Luc comprit et tint tête; il n'acheva point son assiette, tout en sachant qu'il n'aurait pas droit au dessert, un de ses préférés ce soir-là. Mais je ne contredisais jamais Olivier en présence de notre fils...

Dans mon bonheur, j'avais pris la vilaine habitude d'acheter un cadeau pour Luc à chacune de mes sorties. Dépenser quelques dollars ou en dépenser une cinquantaine, je n'y voyais aucune différence et je revenais avec tout présent qui me l'avait rappelé en son absence, si courte soit-elle. À un an et demi, il possédait, par exemple, son premier tourne-disque, un appareil très rudimentaire, que j'avais acheté un après-midi où je l'imaginais chanteur. Si mon imagination s'emportait alors, la sienne en tirait profit car, même à cet âge, Luc plaçait sur la table tournante le disque que l'on désirait écouter. Mais au bout de quelques mois, son père me corrigea de cette nouvelle manie de lui offrir autant de gâteries. Il m'expliqua que l'enfant qui m'attendait, attendait en réalité le cadeau que j'avais pris l'habitude de lui ramener. Cela suffit amplement pour que je comprenne. Mais nous ne discutions jamais de ses sujets en sa présence; une dispute entre parents confrontés, Luc n'a jamais connu ça.

Quelques mois après notre arrivée rue Monsabré, nous lui offrîmes une automobile miniature toute rouge. Un jeune voisin passant devant envia l'engin et aborda gentiment le nouveau gamin du quartier.

— Tu veux être mon ami? demanda-t-il d'abord d'après le témoignage de Luc.

— Si tu veux être mon ami, il faut que tu viennes jouer ici, lui aurait répondu mon grand solitaire en herbe.

— Si toi, tu veux être mon ami, il faut que tu me prêtes ta voiture, aurait stipulé le rusé petit voisin.

Nous n'avons jamais revu la voiture et nous ne comprenions pas pourquoi les parents du malfaiteur ne la ramenaient pas. Nos amis reconnaissaient dans l'innocence du fils une caractéristique de ses parents. Olivier expliqua à Luc qu'on ne donnait rien à une personne avec l'intention qu'elle devienne notre amie. En d'autres termes, on n'achète pas ses amis... La semaine suivante, Olivier achetait un autre véhicule. En le rendant à son propriétaire ébloui, Olivier reparla de l'amitié et de l'infidélité du nouvel ami du samedi précédent, un profiteur disparu aussitôt son besoin matériel satisfait.

Cependant, Luc ne risquait pas de se faire jouer très souvent. Il ne s'éloignait que très rarement de la maison, pour ne pas dire de sa salle de jeu. Je le laissais y accueillir autant d'amis qu'il désirait. Je leur apprêtais des collations à longueur de journée et cela plaisait beaucoup à Olivier quand il me surprenait. Mais, si personne ne venait à la maison, il restait seul et occupait son temps avec les multiples distractions mises à sa disposition. Luc préférait rester à la maison: étonnant, c'est vrai, car son père avait passé sa vie à rouler sa bosse, et sa mère, toute jeune, entrait chez elle par l'arrière pour en ressortir à la vitesse du son par l'avant. Il se disait heureux là, sans autre décor.

Madame Grondin, notre voisine, l'invitait souvent à frapper à sa porte lorsqu'il voulait parler à son ami Marc. Luc répondait que ses parents s'annonçaient toujours par téléphone avant de se rendre quelque part.

— Je ne vois pas pourquoi j'agirais autrement.

Un matin de septembre 1968, alors qu'il avait quatre ans, Luc s'achemina vers sa première classe de maternelle. En quelques semaines, il alimentait ses propos de théories empruntées à des adultes épiés je ne sais trop où, je ne sais trop comment. Un soir, il refusa d'obéir à son père qui l'envoyait faire dodo et il se mit à piétiner en rechignant.

— Si je dois me coucher immédiatement, je m'en vais, lança-t-il.

Olivier se dirigea du même coup vers sa chambre, sortit la petite valise si utile à nos déplacements en famille et si importante aux yeux du fils et y empila quelques-uns de ses vêtements et accessoires.

— Tu n'es pas heureux avec maman? Tu n'es pas heureux avec papa? On va régler ton problème, énonça Olivier en revenant au salon et en en ouvrant la porte sur un ciel humide d'été des Indiens.

— Je te souhaite bonne chance, ajouta-t-il en la refermant sur son enfant libéré. Et il verrouilla. Durant une demi-heure, Olivier souffrit.

— C'est dur de corriger, Manon. Mais je te jure qu'il ne se permettra plus aucun commentaire du genre... ajouta-t-il en s'essuyant les yeux, et en ouvrant la porte à son fils.

Chapitre 17

PAISIBLE CÉLÉBRITÉ

Ma mère et madame Guimond devinrent de grandes amies. Luc revêtait toujours d'élégants ensembles bleus, jaunes ou blancs pour jouer dans la neige comme dans le sable et Monsieur Radio-Télévision 1966 tenait de plus en plus à préserver notre intimité.

À la maison, Olivier regardait beaucoup la télévision et synthonisait les réseaux américains. Quand il se retrouvait devant Jackie Gleason, j'étais certaine de l'entendre rire. Cela me rendait très heureuse car aussi bizarre que cela puisse vous paraître, mon homme était très différent de votre vedette. Tranquille, d'humeur égale, il était entouré de ceux qui lui importaient, et souvent il se cachait pour ne pas être importuné par des visiteurs imprévus frappant sans s'être annoncé. «Combien ça coûte pour avoir la paix?» sont des mots qui revenaient souvent et ses principes ne le laissaient pas céder facilement devant l'insistance des journalistes désirant nous visiter ou l'interviewer. D'un autre côté, il ne refusait jamais de figurer sur la liste des invités officiels d'un événement populaire, même si cela l'énervait. Bien qu'il souffrît de vertige, il fut le premier à s'élever autour de l'immense mât du manège la Spirale de la Ronde. En compagnie de monsieur le maire Drapeau lui-même. Olivier ne pouvait rien laisser paraître de sa phobie...

En fait, le seules impatiences, les seuls véritables inconforts apportés par sa popularité, je les lisais parfois dans ses yeux lorsque nous dînions au restaurant. Serrer les mains, plaisanter un peu avec des admirateurs sont des attentions agréables. Pourtant, quand des gens s'arrêtaient pour le saluer ou nous souhaiter bon appétit et s'attardaient vingt, vingt-cinq minutes, une demi-heure même, nos assiettes refroidissaient et nous rentrions plus tôt que prévu d'un tête-à-tête à demi raté.

L'équipe de *Cré Basile* s'avéra rapidement une deuxième famille pour le héros de la série. Les comédiens se fréquentaient régulièrement et, à tour de rôle, chacun recevait ses collègues pour dîner. D'ordinaire, nous arrivions tous munis d'un plat composant de riches buffets et j'avoue m'être sentie complexée à plusieurs reprises en préparant les miens, à la seule idée de le déposer, plus tard, aux côtés de ceux que mijotaient, par exemple, Juliette Huot ou Béatrice Picard. Un soir, cette dernière que j'aimais et admirais, nous reçut pour ce qu'on appelle un trou normand. Une douzaine de personnes conviées s'installèrent autour d'une table très élaborée jonchée de treize plats de résistance, rien de moins, et comme le veut la coutume d'un tel cérémonial, nous avalions d'un seul trait, entre chacun d'eux, la *shot* de Calvados visant à nous préparer l'estomac pour le poulet qui succédait au crabe, pour l'agneau qui succédait au poisson, etc, etc... Treize repas en un seul, ça peut sembler ridicule — certains se permettront d'autres qualificatifs que j'entends déjà; mais l'entrain des convives quelque peu accentué par les digestifs inspira Marcel Gamache, l'as des ratoureurs, que je ne connaissais pas encore très bien. Sans nous aviser, il monta au deuxième et revint prendre place à temps pour le septième toast. Quelque trente minutes plus tard, on sonnait à la porte. Je n'ai jamais vu un homme aussi embarrassé que celui reconduit jusqu'à la table par l'auteur de l'émission. Les bras chargés d'une douzaine de poulets Saint-Hubert Bar-B-Q, le livreur fixait toute cette nourriture étalée devant lui. Accueilli par des éclats de rire, le pauvre se croyait lui-même l'objet d'une farce. Mais il accepta volontiers une tasse de café avant de poursuivre sa livraison.

Dans sa profession, Olivier ne pouvait mieux réussir; lui qui avait eu toutes les peines du monde à convaincre son père de le laisser monter sur les planches, lui qui se défendait d'arriver à la cheville de son prédécesseur, il nageait maintenant dans la gloire. Mais, attention, il ne se flattait jamais et rougissait encore au moindre compliment, aux moindres félicitations.

En 1968, Olivier fut contacté pour figurer dans *La Margoton du bataillon*, une des plus mémorables opérettes à être produites ici. Olivier devait y incarner sept rôles secondaires et muets et il ne se sentait vraiment pas à sa place entre les Yoland Guérard, Paul Berval et compagnie. Sachez que votre héros ressentait toujours une inexcusable infériorité comparativement aux autres vedettes de son cher public. Eh bien, lors de la première à la Place des Arts, mon timide interprète volait sept rideaux sans avoir entonné une seule note de toute la soirée — exactement autant que ses apparitions de quelques secondes chacune! Lorsque je l'ai retrouvé dans sa loge, je lui ai dit qu'il n'était qu'un vilain garnement et que ses allures d'enfant gêné ne prendraient plus avec moi. Il éclata de rire. Je venais de dévoiler un de ses plus profonds secrets...

Chapitre 18

BYE, BYE 70

Dix jours à Paris à la fin du printemps 1970 exténuè-rent Olivier qui téléphona chaque jour. Ni au cours de ses appels, ni plus jamais après son retour, fut-il question du long-métrage tourné aux États-Unis dont il avait parlé à plusieurs reprises avant son départ pour l'Europe...

Lui qui avait reçu de nombreux hommages au cours de sa carrière venait d'être élu le Prix Orange Masculin de l'année, décerné par les journalistes à l'artiste le plus gentil avec eux. Quand il revint à la maison, trophée et corbeille d'oranges en main, Luc l'attendait pour le féliciter.

— Papa apprécie beaucoup ce témoignage d'affection, tu sais. J'en suis vraiment très touché. Mais papa a suffisamment de trophées dans le salon. Celui-là, il est à toi et tu peux le garder dans ta chambre. Je te le lègue car, selon moi, c'est toi qui es le plus gentil d'entre tous. Aussi, parce que j'aimerais beaucoup que tu le demeures toute ta vie. Si tu n'es pas gentil, je le reprendrai.

Luc était fou de joie et souvent il s'attardait devant la statuette en évidence sur son pupitre d'écolier, jusqu'au jour où son père le lui retira, parce que Luc avoua ne pas avoir bien agi en répliquant sottement à une opinion émise par son modèle de père.

Depuis cinq ans, *Cré Basile* demeurait le numéro un de la télévision. Un beau matin, cependant, Olivier décida d'abandonner la partie...
— Mon public aime trop le personnage, il ne faut pas le brûler, philosopha-t-il. Nous pouvons certainement trouver autre chose.

Certes, il aurait pu poursuivre sur la même voie encore quelques années et la réponse favorable du public ne se serait guère démentie. Mais les propositions abondaient de toutes parts et Radio-Canada désirait maintenant accueillir en grande vedette le protégé de la station compétitrice. Aussi, au beau milieu d'études contractuelles ultra-secrètes, alors qu'il n'avait avisé ni ses patrons de CFTM, ni ses amis, ni ses proches, Olivier devait quitter *Cré Basile* pour un projet à CBFT. C'était plus qu'une nouvelle parmi tant d'autres: la rumeur eut l'effet d'une bombe et, bêtement pris au dépourvu par l'indiscrétion, Olivier dut la confirmer alors qu'il n'en n'était qu'aux pourparlers préliminaires.

En précipitant son départ de la station privée pour une mirobolante responsabilité auprès de la société fédérale, il insultait outrageusement Robert L'Herbier. Le directeur de la programmation perdait sa vedette et les deux collègues s'engueulèrent des heures de temps. Je n'aurais jamais cru qu'Olivier puisse tenir tête aussi longtemps dans ces cruels affrontements professionnels car je ne l'avais jamais entendu se vider le coeur avec une telle violence. Et, enragé par l'indépendance de son principal atout commercial, le patron de la station aurait détruit les enregistrements des épisodes d'une émission qui avait joui d'une extraordinaire cote d'amour. Si mes dires semblent pure supposition, apprenez qu'il demeure impossible de trouver une scène tournée en studio pour les besoins de la phénoménale télésérie de Marcel Gamache. C'est d'ailleurs pourquoi les recherchistes n'ont jamais pu en inscrire à la programmation d'émissions spéciales consacrées à l'illustre comédien...

— Je pars de «Basile» en première position et je vise rien de moins que la première place à Radio-Canada. La pire chose qui puisse m'arriver dans la vie, c'est que ça ne marche pas au Canal 2. Mais ça n'arrivera pas... déclarait Olivier à la presse artistique pour éviter d'ébruiter les confrontations survenues rue Alexandre deSèves.

Hélas, ça devait arriver. Effectivement, ça n'a pas marché et l'année 1970 allait lui être dure. Les premières cotes d'écoute publiées après le début de la pompette émission *La branche d'Olivier* confirmaient ce que les critiques redoutaient ouvertement. Ni les textes, ni la réalisation n'avaient réussi à dessiner le «nouveau visage d'Olivier Guimond». Ce dernier était fort gêné, voire insatisfait, de la collaboration de Guy Hoffman et avant même chacune des diffusions étrangement programmées pour le jeudi soir, huit heures, Olivier jurait que le public serait déçu. «Vous voulez me tuer d'avance», lança-t-il aussi à l'intention de ses supérieurs au sujet de pareil horaire. Finalement, le retrait prématuré de l'émission prouvait l'échec, imputable, crut-on, aux scriptes qui ne connaissaient même pas le comique pour lequel on leur demandait de travailler.

Mais Radio-Canada tenait à sauver la face en donnant à leur nouvelle super-star la chance de prouver son grand talent. Richard Martin succéda à Guy Hoffman comme responsable d'une autre émission qui visait à redorer les blasons. Néanmoins, le premier épisode de ce *Smash* tant attendu était peu convaincant et même si le second sembla plaire, Olivier s'indigna de nouveau. Un peu comme il l'avait fait quelques mois auparavant, à quelques coins de rue de là, il sortit de ses gonds et débita tout ce qu'il pensait, exactement comme il le ressentait. Il n'appréciait ni la façon dont il était dirigé, ni le contenu, ni le déroulement, ni le ridicule de chacune des parties de son show. Il lui restait à peine dix minutes à compléter pour le troisième *Smash* quand il se retira en claquant la porte. Il ne l'acheva jamais...

Olivier reçut son plein salaire, bien entendu, mais il resta douloureusement marqué par cet échec, le seul de sa carrière. Tous eurent beau répéter qu'il n'y était pour rien, le Canal 10 lui rouvrir ses portes et lui redonner sa place au sein des aventures du *Capitaine Bonhomme* et des bévues de *Symphorien*, Olivier n'acceptait guère «sa» défaite. Nul n'en était vraiment responsable; mais Olivier endossa tout le blâme. Aussi, tenta-t-il de se rattraper — ce qu'il fit loyalement, soit dit en passant, en acceptant de travailler à nouveau pour Radio-Canada et sa traditionnelle émission de fin d'année. Au cours de l'enregistrement de la retransmission du *Bye, Bye 70*, aucun homme au monde n'était plus heureux que le mien d'effacer ses malheureux souvenirs d'un irrévocable adieu. D'ailleurs, dans la scène du réveillon, tous remarquèrent comment il serrait dédaigneusement les lèvres en saluant d'un «Bye, Bye 70» l'éprouvante année et comment il ajoutait, plein de confiance, «Bienvenue 71». Je l'ai suivi au cours de toutes les répétitions de la formidable émission, inestimable héritage pour les archives de Radio-Canada. La joie qui le saisissait quand il entonnait l'air qui enterrait l'année écoulée lui donnait des allures d'enfant émerveillé. Professionnellement, Olivier avait vécu un tragique bouleversement: son succès le cicatriserait temporairement...

En cette veille du Jour de l'An 1971, la plupart de nos amis et des participants au classique *Bye, Bye* célébraient chez nous. Plusieurs d'entre eux disaient souvent que le plus comique des deux, c'était moi. Ils n'avaient pas tout à fait tort, car à la maison, Olivier n'empruntait nulle allure bouffonne et c'est moi qui, par mes réflexions, provoquais ses plus francs éclats de rire. Les gens qui passaient chez nous pour travailler, par amitié, ou pour parler, ne demandaient qu'un seule fois au réputé comique de leur exécuter une de ses inimitables grimaces.

— Je préfère vous donner dix piastres. Mais demandez-moi pas de grimaces! répondait automatiquement celui qui ne pouvait reproduire dans sa cuisine ce qu'il rendait si brillamment en scène ou à la télé.

Le seul fait de le lui demander, ça le paralysait.

Ce soir-là, Yolande Circe, devenue une grande amie en travaillant aux côtés d'Olivier pendant huit de ses années de carrière au cabaret, souligna l'étrange différence dans l'attitude de son ancien collègue. En effet, il ne tenait pas en place, lui qui était d'ordinaire très calme à la maison, même en présence de nombreux invités. Il n'arrêtait pas de taquiner, agacer, embarrasser, amuser les uns et les autres. Le diable au corps, comme on dit! Chacun s'en réjouissait, j'en suis certaine; personne, cependant, ne se doutait qu'il allait nous entraîner ainsi jusqu'au 12 janvier, nous accordant à peine quelques heures de sommeil par ci, par là. Enfin, pour ceux qui purent le suivre jusqu'au bout. Parmi eux, mon frère Claude se vit confier devant tout le monde, et à plusieurs reprises, ces tristes propos:

— Tu verras, mon gars, quand un Brunelle partira, tu pourras comprendre combien il est pénible de célébrer dans la joie quand un membre de sa famille a disparu.

Puis, il entraînait une partenaire dans la danse...

C'étaient là ses dernières Fêtes.

Chapitre 19

DÉPRESSION

Pour la deuxième année consécutive, Olivier remportait le Prix Orange en avril 1971. Il rendit à Luc celui qu'il avait gagné l'année précédente, prétextant qu'un seul lui suffisait bien. Puis, en compagnie d'une douzaine de voyageurs dont Pauline Julien, la lauréate féminine, et les responsables de la revue *TV Hebdo*, nous atterrîmes en Espagne pour un réjouissant séjour qui devait nous mener jusqu'au Maroc. Partout, on attendait de grandes vedettes du Canada, mais personne ne pouvait déterminer lesquels parmi nous étaient ainsi adulés.

Le premier soir, nous entrâmes dans un super club où les organisateurs du concours prévoyaient une fête en l'honneur des récipiendaires. Coiffée d'un chignon qui ressemblait à ceux de Géraldine Chaplin dans *Le Docteur Zhivago*, le chef d'orchestre crut la reconnaître en m'apercevant et sa formation entonna aussitôt *Lara*, le fabuleux thème du film. Une fois la situation rétablie, nous consultâmes nos menus et tous s'interrogeaient pour savoir comment nous arroserions nos débuts de vacances. «Un *vino secco* devrait nous régler ça», s'exclama Olivier qui, du même coup, proposa de se joindre à nous pour célébrer adéquatement. Il n'en fallait pas plus pour que le maître d'hôtel verse en sa coupe le clair liquide afin de le lui faire goûter. Après tant d'années d'abstinence, cette seule portion régala mon as d'époux...

Le lendemain, j'allai seule à Malaga, magasiner un peu. Le taxi me ramenant à l'hôtel filait à une allure folle et comme je ne connaissais rien à la langue nationale, je m'évertuais en *Vito* et *Rapido* et *Per favor, signor.* Or, le brave homme croyait que je le priais d'accélérer: poteaux, trottoirs, comptoirs de fermiers, devantures de restaurants, tout faillit y passer. Il maintint cette vitesse jusqu'à mon abri de banlieue où mes amis durent m'asperger d'eau froide pour m'empêcher de m'évanouir... Ce fut un voyage merveilleux, et malheureusement le dernier.

Dès notre retour, Olivier perdit l'enthousiasme dont il débordait sur les côtes de la Méditerranée. Quelques années auparavant, il s'était associé à un homme d'affaires de Québec pour l'achat d'un immense terrain facilement exploitable! Depuis quelques mois, son partenaire ne réglait plus sa part des paiements, Olivier se voyait réclamer les taxes par la Vieille Capitale. Ces problèmes l'importunaient et, sans doute parce que sa santé se détériorait secrètement, Olivier se décourageait de plus en plus, de plus en plus rapidement.

— Mon Dieu, que ferions-nous si je perdais la maison, s'inquiétait-il devant les promesses de vente du terrain qui atteignaient soixante-dix-huit mille dollars.

Il avait investi toute sa fortune pour cet achat et l'irresponsabilité de son associé le tracassait outre-mesure. Sa maison, il l'avait gagnée à la sueur de son front pour y abriter ses proches. Et les arbres qu'il avait plantés tout autour, il craignait à présent de ne jamais les voir pousser aussi haut qu'il les avait imaginés. Pauvre Olivier; il n'a vu grandir ni ses arbres, ni ses enfants...

D'autre part, il travaillait de moins en moins; il en parlait de moins en moins. Au fond, il s'affolait sans motif valable, car aujourd'hui, je sais que nous n'étions ni ruinés, ni dans l'impossibilité de trouver d'autres revenus. Mais, à l'époque, je n'ai pas soutenu Olivier comme j'aurais dû. Plutôt, croyant lui remonter le moral et sincèrement remédier à sa dépression, je suggérai d'aller visiter de moins grandes maisons pour qu'il ne se tracasse plus sur celle que nous habitions. Comment pouvais-je, dans ma petite science, discerner un état dépressif s'emparant d'un si bon vivant?

— Si tu savais, ma chérie, toute la peine que je ressens. J'en mourrai certainement si je perds ma maison. Je n'arrive vraiment plus, tu sais... passait-il ses journées à répéter.

Au contraire, il arrivait très bien; mais Olivier ne connaissait rien aux affaires et, vu certaines lacunes, il s'angoissait sans cause. Moi, au lieu de m'apitoyer sur mon sort si, vraiment, nous perdions la maison, j'entrepris de le promener de quartier en quartier, de banlieue en banlieue, à la recherche d'un bungalow moins spacieux, moins dispendieux... Ah, j'aurais dû rester comme lui devant le téléviseur et laisser le temps remédier à la situation.

Ce qui survint au bout d'un mois. Si les Fêtes 70-71 avaient été extraordinaires, je suis à court de qualificatif pour décrire les merveilleuses vacances passées l'été suivant à Pointe-Fortune: trente jours et trente nuits de rigolades effrénées, trente jours et trente nuits d'un va-et-vient continuel de visiteurs éblouis de tant de joie, d'entrain, de bonheur de vivre, de promenades en bateau, de repas et de soirées de danse en plein air. La dépression nerveuse qui le terrassait depuis notre retour d'Espagne céda la place à un élan optimiste. Mais dès notre retour en ville, Olivier retomba dans ses ténébreuses litanies.

— Personne, jamais personne ne t'aimera comme je t'ai aimée, ajoutait-il à maintes reprises, repris par la crainte de quitter son château.

Le 14 août 1971, treize jours avant que j'en devienne la légitime propriétaire — détail auquel je n'accordai alors aucune espèce d'importance, nous échangions notre maison de cent quinze mille dollars contre celle du criminaliste Claude Archambault sise à Cité-Jardin, plus une différence d'évaluation liquide. Le nouveau propriétaire acheta également les rideaux de la façade avant — des tentures de deux mille dollars pour chacune des fenêtres, des accessoires de décoration et des meubles pour le hall d'entrée et les salles de détente ainsi que le piano; je laissai le tout pour un ridicule montant.

Nous emménagions le même jour dans le coquet foyer de trois étages tandis que mes parents et ma belle-mère conservaient leur logement. Certes, notre nouveau décor semblait plaire à Olivier mais l'étroitesse de chacune des pièces le gênait fort. Dès le lendemain, et chacun des jours suivants aussi, Olivier, bien installé dans le salon au creux de son fauteuil préféré, me demandait à tout instant:
— Mon amour, es-tu heureuse ici?
— Mais bien sûr, Olivier, j'adore ça ici. C'est fonctionnel, c'est *cute*, c'est jeune! C'est vraiment une belle maison...

Non, Olivier n'était vraiment pas heureux; en fait, il regrettait déjà et déplorait ardemment notre précédent nid d'amour. Il maudissait maintenant la transaction; ici, il étouffait. Sans doute n'étais-je pas très convaincante car Olivier commanda à la firme de rénovation American Homes les plans pour diviser autrement l'espace où nous passerions la majeure partie de nos journées. En un tour de main, il les pria d'enlever les murs du rez-de-chaussée et de parer le deuxième étage d'une large mezzanine. Les boîtes de carton s'empilaient encore lorsque les plans transformant l'intérieur et le rallongeant vers l'extérieur nous arrivèrent. Mais ils n'eurent pas le temps d'être exécutés.

Le 25 du même mois, Olivier fut sournoisement réveillé par des crampes à l'abdomen. Croyant à des caprices d'ulcères, il avala de doux produits laitiers que son estomac rejeta au bout de quelques minutes. Le lendemain, vu sa condition, il me pria de conduire Luc auprès de mes parents et il m'interdit fermement de signaler son état à son médecin.

Plusieurs années auparavant, son père était arrivé à l'hôpital au volant de sa voiture. Il n'en n'était pas ressorti vivant et la fatale image hantait son fils, surtout ces derniers jours. Olivier ne voulait absolument pas être hospitalisé, jurant qu'on l'y conduirait sur une civière si aucune autre issue ne s'offrait à lui... Le 27, je prévins tout de même son médecin que son patient ne pouvait même plus digérer l'eau minérale. Il me conseilla puis enfin m'ordonna d'amener le malade à la salle d'urgence de Saint-Joseph de Rosemont, où il nous rejoindrait dans une heure, au plus tard. J'usai de beaucoup de tact et tous les arguments possibles avant de convaincre Olivier d'enfiler ses vêtements et de se rendre au centre hospitalier. Tout le long du parcours, il répétait:
— Comme mon père. La même chose est arrivée à mon père!
— Ton pylore est bloqué, Olivier. Ils vont te guérir, tu sais bien. D'ailleurs, ils veulent seulement te donner des injections de calmants, dis-je pour le réconforter.

Mais, une fois de plus, il suivait bel et bien les traces de son papa.

Chapitre 20

INTERVENTION

Deux jours après l'avoir convaincu de demeurer à l'hôpital pour décongestionner son système digestif et subir des examens visant à prévenir l'apparition d'autres ulcères, les médecins abordèrent un sujet-hantise: l'intervention chirurgicale.

— Franchement, monsieur Guimond, vous n'avez aucune raison de vous entêter de la sorte, le réprimandait-on. Ça fait vingt ans que vous souffrez de ces ulcères d'estomac! Vous n'êtes pas ici pour un cancer! Pourquoi ne pas régler le problème une fois pour toutes? Dans une quinzaine, vous serez de retour à la maison et prêt à reprendre le travail...

Depuis 1965, j'avais été moi-même hospitalisée tous les ans et cela lui avait coûté assez cher pour que je puisse me citer en exemple et l'encourager devant une épreuve ainsi redoutée. L'automne précédent, je m'étais même soumise à l'ablation des organes reproductifs et je lui démontrai comment et pourquoi je me sentais mieux et vivais mieux après cette délicate intervention.

Il accepta enfin. Première étape: des tubes dans le nez qui devaient prévenir les hémorragies internes susceptibles d'être provoquées par une imminente perforation de l'estomac. Chaque fois qu'un excédent sanguin empruntait les boyaux pour le long flocon maintenu à son lit, Olivier grimaçait. Bien sûr, j'en riais un peu car il voulait m'amuser mais, au fond, ces mimiques dissimulaient très mal ses douleurs et son dégoût.

Or, son nom apparut le lendemain matin à l'horaire officiel des salles d'opération pour le mercredi suivant. Après quelques heures de réflexion, il téléphona à son médecin traitant:

— Docteur Landry, supplia-t-il du ton enfantin qu'il prenait d'habitude pour obtenir tout ce qu'il désirait, pourriez-vous remettre ça à jeudi matin. S'il vous plaît, vous pouvez certainement le faire pour moi.

— Bon, si ça peut vous tranquilliser, monsieur Guimond, vos désirs sont exaucés, approuva le médecin. Vous aurez la gentillesse d'aviser votre épouse...

— Tu n'as pas fait ça, Olivier, m'étonnai-je en apprenant les nouvelles dispositions. Tu aurais pu t'écouter un peu moins. Maintenant, tu vas te tracasser une journée de plus.

Vers seize heures, il rappela le docteur Landry pour lui demander de revenir à la première heure fixée pour l'intervention, mais, hélas, un autre malade s'était déjà réservé l'exclusivité des bistouris pour le matin en question. Si j'avais connu les résultats du malheureux jeudi avant-midi, j'aurais insisté pour reprendre le premier rendez-vous. Mais le destin trahit rarement ses intentions...

— Écoute, mon amour, je t'ai vue revenir à trois reprises d'une salle d'opération, raconta-t-il la veille du grand jour. C'est très lugubre, tu sais. On n'est pas tellement ragoûtant sur ce genre de civière et, sincèrement, je préfère que tu ne sois pas là pour m'attendre. Viens plus tard, en fin d'après-midi, suggéra-t-il.

— D'accord! répondis-je pour ne plus risquer de le contrarier.

— Et ce soir, mange un bon steak. Je te connais assez pour prévoir que tu n'avaleras que des sandwichs les deux ou trois prochains jours. Entendu?

— Entendu...

Le lendemain, on devait le ramener de la salle de réveil vers midi trente. Puisque je devais tenir ma promesse et patienter encore quelques heures avant de le retrouver, je téléphonai à son étage pour m'informer de son état.

— Madame Guimond, veuillez vous rendre immédiatement aux soins intensifs, m'avisa l'infirmière héritant dès lors de lourdes responsabilités.

Soins intensifs? Complications? Non, il ne fallait surtout pas s'alarmer pour rien... Pourtant, quelque chose avait dû survenir pour qu'on me prie d'arriver immédiatement. Quelque chose de dangereux puisqu'on avait parlé de soins intensifs. Moi qui avais été si souvent malade et hospitalisée, je n'avais jamais eu de proche dans cette situation et le mot complications résonnait dans mon cerveau sans que je puisse en percer la véritable signification.

Les soins intensifs, j'appris ce que c'était en y pénétrant: une salle oxygénée où on entre un à la fois pour cinq minutes au maximum, pas plus qu'une fois toutes les dix minutes. Et quel choc m'y attendait. Olivier semblait radieux, tel un convalescent complètement rétabli. Éveillé il semblait très lucide.

— Bonjour, mon chéri. Franchement, t'as bonne mine, commençai-je.

— Ah oui, mon amour! Ça va très bien! Ça va vraiment très, très bien, répondit-il en fixant toujours le même point.

— Tu te sens aussi bien que ça? demandai-je vainement.

— Tss, tss, tss, fit-il en plaçant son index sur sa bouche. Écoute, t'entends l'armée qui approche? Ah! j'aime ça les écouter marcher. Je les écouterais pendant des heures. C'est tellement beau!.. T'entends la fanfare à présent?

Complications? Étais-je en train d'en connaître la juste définition? Je n'en avais aucune idée.

— Beau Luc à papa, dit-il changeant soudainement de sujet. À part de ça, tu lui as mis son beau costume vert, me remercia-t-il ensuite. Viens, mon Luc, viens voir ton vieux papa, poursuivit-il.

J'imagine que, stupéfaite, je m'éloignai du lit en reculant puisque j'échouai dans les bras de l'infirmière.

— Écoutez, Olivier croit que notre garçon est ici et c'est faux. Qu'est-ce qui lui prend?

— Madame Guimond, votre mari est confus, dit-elle en hésitant.

— Et qu'est-ce que ça veut dire...?

— Ça veut dire que monsieur Guimond voit ce qu'il veut voir. S'il voit votre fils, c'est qu'il est convaincu de sa présence et si vous ne voulez le peiner ou aggraver son état, vous devez agir comme s'il avait raison, m'expliqua-t-elle lentement.

— Voyons! C'est un homme intelligent qui m'a l'air très normal. Je ne peux certainement pas lui mentir en pleine face, commençai-je à m'impatienter.

— Non, c'est vrai, vous ne pouvez pas. Vous vous devez de le faire. Regardez-moi bien et ensuite vous m'imiterez chaque fois qu'il s'adressera à quelqu'un qui n'est pas là.

Entre-temps, Olivier demandait toujours à Luc de s'approcher, lui demandant même pourquoi il tardait tant à le rejoindre dans son lit. L'infirmière saisit son bassin et au lieu de le faire elle-même comme avant mon arri-

202

vée, elle m'indiqua comment glisser le récipient sous les couvertures.

— Non, non, la repoussai-je. Vous allez le regretter. Olivier va croire qu'on se moque de lui et il va se fâcher. Et s'il se fâche, il risque d'ouvrir l'incision. Il ne faut pas rire de ce type-là, c'est moi qui vous en préviens.

— Je vous en prie, madame Guimond... Tenez, je vais le faire pour vous... Suivez-moi... Il est confus, vous verrez bien.

Vous verrez... vous verrez... Comment pouvais-je voir, moi qui ne reconnaissais plus l'homme qui était devant moi. Laissez-moi vous dire que je la suivais de loin; j'avais tellement peur qu'Olivier croie à une mauvaise blague et ne s'en offusque! Seule sa blessure toute fraîche m'inquiétait vraiment.

— Tenez, monsieur Guimond. Le voilà votre beau garçon.

— Mon beau bébé. C'est gentil d'être venu visiter papa aussi tôt, délira-t-il en serrant l'objet sur son coeur. Tu vas voir, tout va bien aller et bientôt, très bientôt, papa sera de retour à la maison. Faut que tu sois sage en attendant...

Quelles terribles minutes! Une si belle scène, si cruelle à la fois.

— Vous voyez, madame Guimond, ce n'est pas si compliqué que ça vous semblait, enchaîna l'infirmière en retirant le plat.

— O.K., mon Luc, tu me promets d'être bon garçon? intervint encore le papa abusé.

— Vous savez bien qu'il est toujours sage, lui répondit instantanément sa surveillante pour ne pas l'inquiéter.

Qu'est-ce qui m'arrivait? Qu'est-ce qui lui arrivait, à lui, surtout? Moi, je n'avais besoin que d'un verre d'eau et d'un fauteuil à l'extérieur de sa chambre, pour me remettre de pareilles émotions. Vingt minutes plus tard, je revins à ses côtés, comme si rien d'anormal ne s'était produit, comme si j'arrivais à peine...

— Alors, mon chéri, ça a bien été ton opération? l'interrogeai-je. Tu m'as l'air en pleine forme. Est-ce que ça te fait mal?

— Où mal? Pourquoi avoir mal? dit-il surpris, ce qui m'étonna, moi, de plus belle.

Sachez que votre idole n'a jamais souffert de la délicate intervention, ni en ces heures, ni au cours des quatre mois qui suivirent. Ses nerfs, occupés ailleurs, bouleversés — ou confus, pour utiliser le terme des experts —, l'épargnèrent en ce sens. Les miens, eux, allaient flancher quand tout à coup, il se mit à siffloter et à turluter des «Sou, bidoudou, bidoudou» quelque peu jazzés. Il ne fallait pas, surtout pas, qu'il s'arrête devant mon étonnement et il ne fallait pas, surtout pas, laisser paraître mes inquiétudes. On me l'avait impérieusement recommandé. J'avais vraiment la sensation d'être la plus confuse des deux. Malgré tout, je devais lui retourner ses sourires et j'étais loin d'exceller en matière de comédie.

Quatre journées semblables s'écoulèrent avant que les chirurgiens acceptent de me rencontrer.

— Vais-je enfin savoir ce qui se passe? attaquai-je en m'introduisant dans leur bureau.

— Tout ce que nous pouvons confirmer pour l'instant, c'est que votre mari est confus, répétèrent-ils, presque nonchalamment.

— Vraiment, au point où nous en sommes, j'ai réussi à le comprendre. Seulement, j'espère que vous aurez la décence de m'expliquer pourquoi.

— Il s'agit d'un choc opératoire, madame Guimond.

— Un choc opératoire, répétai-je en relevant le sourcil dans mon incompréhension.

— Madame Guimond, veuillez nous pardonner, nous ne comprenons toujours pas ce qui s'est produit et vous constatez vous-même que nous semblons impuissants à le tirer de là. Veuillez nous coire, nous tentons l'impossible pour trouver une réponse...

Mais les trois jours suivants n'apportèrent pas plus de réponse; et le huitième jour après l'intervention, un rein se bloqua. Il fallait s'y attendre: on ne le soignait pas, dans l'ignorance devant un tel cas, et le célèbre patient aurait beaucoup trop souffert d'un transfert post-opératoire à l'hôpital Maisonneuve. Mais on devra s'y résoudre. Denis Drouin et ma soeur arrivèrent en trombe sans que j'aie communiqué avec eux avant de partir de chez moi, sans que je sache, donc, ce qui se passait... Des ambulanciers et des médecins inconnus les suivaient.

— Madame Guimond, nous ne savons pas s'il pourra s'en tirer. Si vous voulez nous suivre à Maisonneuve, montez dans l'ambulance.

— Georgette, Georgette, ça se peut pas, pleurai-je sur l'épaule de ma soeur. Olivier ne peut pas mourir comme ça. Ça fait huit jours qu'il ne m'a pas parlé...

Son médecin avait juré qu'il n'en aurait que pour cinq ou six jours dans cette chambre qu'il haïssait. La veille de son opération, Olivier avait même confirmé avec CFTM qu'il reprendrait son rôle de Freddie Washington tous les après-midi. Pour lui permettre une convalescence appropriée, le Capitaine Bonhomme raconterait aux enfants que leur héros américain quittait la Floride dès la rentrée pour revenir à Montréal en bicyclette. «Dans quinze jours, je serai là, les gars», promettait-il alors.

Non, Olivier n'avait pas le droit de mourir. «On compte trop sur lui», finis-je par me convaincre et rassurer ma soeur en enfilant les vêtements et le masque qu'il fallait porter avant d'entrer dans sa nouvelle chambre. La scène incitait pourtant à nous faire changer d'idée. Olivier, endormi, était placé dans un immense cylindre d'aluminium et son corps était entièrement recouvert d'affreuses aiguilles et de multiples ventouses minuscules le reliant à divers appareils. Nous ressortîmes aussitôt dans le couloir où m'attendaient Yolande Circe et son époux, Denis Drouin, Serge Lasalle, mon frère Claude, maman et papa. Dès lors, ils allaient continuellement me soutenir, m'entourer constamment. Claude, qui s'écrasait à chaque visite rendue à une personne hospitalisée, entreprenait son rôle d'ange gardien pour de longs et pénibles mois...

Chapitre 21

BONJOUR LA PROVINCE!

Olivier avait l'air aussi conscient que vous qui me lisez. En réalité, il ne voyait rien, n'entendait rien, ne ressentait rien et, donc, ne disait rien. De plus, non seulement son rein s'acharnait dans son anarchie mais les autres systèmes vitaux l'imitaient un à un. Seul son sang suivait son cours normal. Du moins, c'est ce que j'avais conclu jusqu'à ce qu'on demande à me voir.

— Madame Guimond, je viens de ramasser un beau paquet de dégâts, m'annonça le Docteur Lavallée, le spécialiste des problèmes sanguins qui l'avait pris en charge aussitôt avisé du nouveau cas.

— Dégâts? osai-je émettre craintivement.

— Oui, exactement, renchérit-il. Olivier est victime de septicémie.

— Septicémie? recommençai-je.

— Une septicémie, c'est une condition morbide due à la présence et à la reproduction rapide et massive de bactéries qui s'attaquent au sang. Le problème? On ne peut guère identifier le noyau de l'infection tant qu'elles survivent...

— Victime? Ça veut dire qu'il y succombera?

— Non, pas nécessairement. Nous allons tout tenter pour le sauver.

Lorsque je suis revenue à sa chambre, je trouvai un silence inquiétant. Des yeux, Georgette m'invita à y pénétrer. Croyez-le ou non, Olivier chantait. «Heureux comme un roi, Boudou, boubouda, Heureux grâce à toi»... persévérait-il depuis plusieurs minutes en claquant des doigts. Confus? Confus! Son cerveau ne fonctionnait plus depuis bien plus longtemps que ses reins: enfin, je comprenais. Mon Dieu, ce qu'il semblait heureux; mais vous ne pouvez savoir combien sa joie pouvait me peiner.

Après trois jours, de nouveaux espoirs; on pouvait le retirer du rein artificiel, l'organe fonctionnant à nouveau normalement. Mais une semaine plus tard, du muguet se répandit de son nez à son gosier. Douze heures plus tard, les petites éruptions violettes semblables à la fleurette dont elles portent le nom, recouvraient également sa langue en entier. Depuis trois semaines, il n'avalait rien et Yolande Circe s'affola autant que moi. Gantées, nous passâmes donc les soirées suivantes à lui introduire dans la bouche des cubes de glace fiévreusement fondus en moins d'une minute. On m'avait interdit de l'embrasser découvert et pour ne pas le chagriner, j'inventai une mauvaise grippe pour excuser le masque avec lequel je devais me protéger en l'approchant de si près. Mon moral à moi en prenait un coup et l'équipe médicale me criblait d'injections et de calmants. J'espère qu'ils n'espéraient pas m'assommer dans un coin car je veillais fidèlement Olivier de seize à dix-huit heures par jour. Le monde se serait arrêté, les pôles se seraient renversés, je m'en fichais éperdument!

Au bout de trois autres semaines, Olivier recouvrait l'usage de ses sens. À présent, il ressentait des douleurs tout à fait normales, et dès le lendemain, je fus chargée de l'horaire des visiteurs et surtout de leur choix. D'abord, ils devaient communiquer avec la responsable de l'étage et je fixais l'heure où nous les attendions, selon que j'accepte ou non leur intrusion ou leur sympathie. Olivier s'efforçait de sourire, de bouger. S'il arrivait assez aisément à étirer les lèvres, il ne parvenait pas à lever son verre de lait et pleurait amèrement ses faiblesses; une telle faiblesse qu'il laissait des larmes couler jusque dans son cou quand il regardait la télévision. Pour qu'il ne sache pas que j'avais tant de peine — le but ardent de toute sa vie, je devais les laisser sécher avant de m'approcher de lui à nouveau.

— Je vais vivre, tu verras, répétait-il souvent. J'ai du travail qui m'attend, se souvenait-il. Pourquoi est-ce que je reste ici? demandait-il en parlant du *Capitaine* ou du film pour lequel on l'attendait en Europe.

Fernandel et Bourvil qui allaient mourir au cours de la même année comptaient sur lui. Je crois plutôt qu'ils l'attendaient pour former la *Cré Trinité*. Mais j'encourageais Olivier et le Docteur Lavallée m'encourageait à son tour. Vu mon optimisme, il me permettait mensongèrement de discerner une très distincte lumière au bout du tunnel. Il me l'avoua lui-même...

Un mois après la découverte des mystérieux virus, trois cents millions d'unités d'antibiotiques avaient été injectées dans les veines d'Olivier. Moi, une seule dose de pénicilline suffisait à m'affaiblir; en apprenant semblables chiffres, je comprenais mieux pourquoi ses forces se dissipaient si rapidement. «Pas d'alternative», mentionna-t-on quand on visita Olivier pour lui expliquer à l'aide de dessins, les véritables causes de son problème et la façon de s'y prendre pour contrôler la situation. Convaincu des propos de son médecin et amusé par l'illustration de «sa» bibitte, il crut qu'il arriverait enfin et «tout en sueur» devant ses jeunes et fidèles téléspectateurs. Lui qui pleurait tant quand un infirmier devait le maintenir debout tandis qu'un autre changeait son lit, il leur promettait maintenant de les inviter à un gros spectacle qu'il monterait bientôt, tout spécialement pour eux.

Comme ses jambes ne pouvaient plus le porter, on l'inscrivit aux sessions de physiothérapie. Facilement reconnaissable, Olivier ne passa pas plus de cinq minutes dans la salle d'exercices, suppliant le responsable de le reconduire aussitôt à sa chambre. Je dois mentionner qu'Olivier disposait jour et nuit et en tout lieu d'un personnel formidable.

Il pesait quatre-vingt-cinq livres à présent; autrement dit, il en avait perdu cent cinq. Madame Guimond le visitait depuis une quinzaine de jours seulement: trois ou quatre fois par semaine, une heure au moins. Un matin, alors que je retirais mes couvre-chaussures, un infirmier s'arrêta dans la porte de sa chambre et demanda: «Êtes-vous Madame Guimond?» Devant ma réponse affirmative, il ajouta: «Vous savez bien qu'on vous a interdit de revenir ici.» Comme si je n'avais rien entendu, je rangeai mon manteau et me dirigeai vers l'office. «Qu'est-ce que ma belle-mère a fait?» demandai-je à l'infirmière en poste qui éclata de rire avant d'expliquer l'erreur de son collègue. On avait effectivement demandé à madame Guimond mère, de ne plus se présenter à l'hôpital ou de changer radicalement d'attitude à l'égard de son fils. Je fus très offensée d'apprendre qu'elle détruisait en quelques minutes le moral auquel je consacrais alors toutes mes énergies. «Mon p'tit Kawanshishin, t'es malade, hein? Ça fait mal, mon Oliver?»

Elle le plaignait continuellement à mon insu. Sa façon de l'aimer et de l'exprimer déplaisait aux médecins et j'avoue que j'appréciai leurs restrictions. Olivier ne s'était jamais, au grand jamais plaint devant elle. Tout homme ou toute femme exprime facilement ses douleurs en présence de sa mère; en fait, plus qu'en présence de quiconque. Mais Olivier, encore une fois, suivait les traces de son père, cet homme courageux mort d'un cancer de la vessie sans avoir jamais révélé ni montré ses douleurs à son épouse. Celui-ci, comme son fils, souffrait atrocement, en silence, pour ne pas inquiéter la dame.

Tous les matins on piquait le bout des dix doigts d'Olivier qui détestait se soumettre à ces relevés sanguins. Lorsque le responsable du laboratoire entra soudain dans la chambre en ce soixante-quinzième jour, nous allions recevoir la meilleure nouvelle de tous les temps.

— Monsieur Guimond, c'est fantastique, s'écria-t-il. Depuis trois jours, aucune trace de septicémie dans votre sang!

Et je me souviens bien, l'étage en entier s'en réjouit. Quelle joie! Manger avec coeur, jaser avec entrain, fumer quelques cigarettes même: Olivier passa une merveilleuse journée. Une seule! Le lendemain, le Docteur Lavallée vint le voir tard. La mine basse, il nous annonça que la bibitte était revenue à l'instant où on croyait l'avoir exterminée. Olivier pleura comme un enfant. Libéré d'embarrassants engins et filages, il n'acceptait plus de devoir survivre artificiellement une seconde fois. Il n'en avait plus la force.

— Non, non, non, criait-il comme s'il combattait une terrible peine d'amour.

Le psychiatre entra en scène au même instant.

— Pourquoi pleurez-vous, monsieur Guimond? demanda-t-il un peu froidement.

— Ça fait deux mois et demi que je souffre ou que je radote. Je me sens débile et j'en peux plus! ragea-t-il dans ses larmes.

— Voulez-vous que votre épouse nous laisse seuls quelques minutes? s'enquit alors le spécialiste.

— Oui, répondit son patient en baissant les yeux.

Comme j'allais sortir, Olivier s'étouffa.

— Non, ma chérie, reste.

Puis, très sérieusement, il se retourna vers le psychiatre:

— Oui, branchez-moi. Mais dites-vous bien que ce n'est pas pour vous que je le fais; c'est pour ma femme, c'est pour mon fils. Je ne les lâcherai pas ainsi.

Nul besoin de vous dire que je sortis de la chambre; il ne fallait absolument pas pleurer devant lui.

Le lendemain, comme j'arrivais, Olivier jasait au téléphone. Garde DeLavega tenait son récepteur et elle m'expliqua qu'il jasait avec Jacques Matti en ondes à CKVL. «Ça va bien. Je prends du mieux en mieux. Dans quelques jours, je pourrai entrer chez moi, racontait-il. Et vous, comment allez-vous?»

Émue aux larmes, Hélène Fontayne, l'inséparable coanimatrice, ne pouvait même pas lui adresser la parole.

— Oublie-nous. C'est de toi que tout ton public veut entendre parler, mon cher Olivier, précisa l'animateur.

— Comme je te l'ai dit, je crois pouvoir m'en sortir, prononça Olivier avant d'éclater en sanglots.

— Voyons, mon homme, faut pas pleurer comme ça. Tu sais très bien que nous serons patients s'il le faut. Nous t'attendons toujours, mon Olivier!

— Je te crois, mon Jacques. Je reçois beaucoup, beaucoup de courrier. Ma femme m'en fait la lecture tous les jours. Je ne pensais jamais qu'on m'aimait autant.

— Bravo, bravo! Peut-être voudrais-tu ajouter quelque chose. Nous allons te laisser te reposer maintenant...

— Oui! Oui! Je voudrais seulement dire un beau «Bonjour à la Province»!

Chère Belle Province, c'était toi sa raison de vivre!

Chapitre 22

TOUT UN NUMÉRO

Novembre arrivait et une désinfection de la chambre d'Olivier s'imposait. La veille, nouvel espoir, on l'avait débranché à nouveau. On en profita pour lui proposer d'occuper le 507, soit la plus belle des chambres de l'étage, une grande suite aux pièces luxueusement aménagées et meublées. Il me téléphona pour m'annoncer la nouvelle comme s'il s'agissait du plus merveilleux événement.

— Ma chérie, j'ai besoin d'une nouvelle robe de chambre, d'un nouveau pyjama et d'un nouveau rasoir, s'empressa-t-il d'ajouter, comme s'il était invité à coucher au Palais de Buckingham.

— Eh bien, mon amour, faut croire que tu es guéri! C'est la première fois en trois mois que tu me demandes de t'acheter quelque chose.

— Écoute, tu devrais voir la chambre! C'est vraiment très différent, dit-il avec enthousiasme avant de me demander de parler à Luc dont la photo était posée sur sa table de chevet depuis le jour de son admission.

Comme le disait l'enfant du plus profond de ses sept ans, il visitait son papa par téléphone seulement. Je l'avais paré de ses plus beaux attraits à six reprises pour qu'il m'accompagne à l'hôpital. Chaque fois que nous allions quitter la maison ensemble, on me priait par téléphone de venir seule, à cause de certaines complications de dernière minute...

— Tu vas voir, mon amour! Regarde! Ça fonctionne! s'exclamait-il le même jour, ravi par ses jambes qui effleuraient à peine le plancher, suspendues de l'appareil qui le transportait trois portes plus loin. Pour célébrer adéquatement le mémorable événement, il me pria d'aller magasiner et de ramener des fromages, des amuse-gueule, des biscottes, des fruits et du vin. Il passa sa journée à prévenir tout le monde qu'il les accueillerait à la maison d'ici peu.

Dans son nouvel univers, Olivier allait particulièrement souffrir de frissons et de plaies de lit qui le couvraient des omoplates aux talons. Même ses coudes reposaient dorénavant sur des peaux de mouton. Madame Guimond qui avait encore droit à une visite par semaine fut surprise d'autant de luxe et d'attentions pour une personne hospitalisée.

— Si ça, ça ne peut pas le guérir, me dit-elle la semaine suivante en le quittant, c'est vraiment un capricieux! Somme toute, je ne pouvais blâmer ni la femme ni ses principes pour semblable mépris; tous maintenaient le plus grand secret sur les conditions réelles de son fils. Inexplicablement, il ne fallait jamais lui annoncer de mauvaise nouvelle, il ne fallait jamais la tracasser pour des «riens».

À plusieurs reprises au cours des trois semaines suivantes, garde Fontaine, la responsable de nuit, m'invitait à jaser avec elle dans le salon adjacent à la chambre d'Olivier.

— Madame Guimond, qu'est-ce que vous feriez si Olivier partait? me demandait-elle chaque fois.

— Il ne partira pas. Son médecin me l'a assuré, répétais-je nuit après nuit.

— Je sais, je sais tout ça, reprenait-elle. Mais tout de

même, vous devez réaliser qu'il ne s'améliore pas. Pensez-y tout de suite, ma chouette. Vous vous adorez tellement, j'ai vraiment peur pour vous... Essayez de vous préparer à son départ, souhaitait-elle. Dans son dévouement, elle pressentait l'inévitable fin. Si j'avais été le moindrement intelligente, je me serais «préparée».

Un soir, la même infirmière m'avise qu'il risquait de succomber au cours de la nuit. Immédiatement, je rejoignis Denis Drouin qui sortait de scène à la Place des Arts.

— Si tu veux voir ton «p'tit copain» une dernière fois...

Cela suffit comme conversation. Deux temps, trois mouvements et le très régulier visiteur arrivait. Comme il sortait de l'ascenseur, les portes de celui de l'autre côté du couloir s'ouvraient sur six gros cierges dont vous devinez l'utilité.

— Pour qui ça, là, là? demanda-t-il au prêtre qui les suivait.

— C'est pour monsieur Guimond, répondit l'interpellé, à voix basse.

— C..!, sacra Denis. On nous avertit, nous, de lui éviter tous les chocs, la moindre peine, la moindre joie. Vous, vous êtes tombé sur la tête ou quoi? En bas, en bas! Puis vite, à part de ça! s'exclama-t-il en repoussant le chariot et les acolytes dans leur ascenceur.

— Vous serez puni, monsieur Drouin, proféra l'aumônier.

Le lendemain, le Docteur Lavallée l'en félicitait. Et, les jours suivants, monsieur le curé Dandurand le visita à plusieurs reprises. Ce formidable ami avait béni notre union et de peur d'indisposer qui que ce soit, et surtout Olivier, il refusa d'introduire dans la chambre les apparats religieux habituellement nécessaires au dernier sacrement. Olivier reçut également un volume de son fils Richard et des fleurs de Jeanne-D'Arc. De temps en temps, alors qu'il me parlait très normalement, l'infirmière assignée à sa surveillance m'invitait à la suivre dans le corridor et elle m'avisait qu'il pouvait partir d'une minute à l'autre, d'une seconde à l'autre. Je n'en croyais pas mes oreilles: j'entreprenais une discussion avec lui! Et cette discussion, je me devais de la poursuivre à l'instant même! *No wonder* si on me prescrivait tant de vitamines. Je croyais que mon coeur flancherait au même temps que celui d'Olivier et aujourd'hui je crois que tout le personnel le craignait vraiment.

Un soir, à l'heure où les enfants rentrent de l'école, maman téléphona.

— Manon, je ne sais plus quoi faire... Le petit a culbuté dans l'escalier et s'est fendu la tête et ça n'arrête pas de saigner, dit-elle en pleurant, elle qui ne pleure jamais.

— Attends, j'arrive! répondis-je instinctivement au lieu de lui donner un numéro de téléphone de taxi ou d'ambulance.

Je retournai à la chambre d'Olivier lui dire que je m'absenterais le temps de prendre un café avec une amie infirmière qui allait travailler au centre la semaine suivante.

— Tu ne seras pas partie longtemps, mon amour? s'informa-t-il.

— Non, non; je reviens tout de suite...

Ou presque! J'étais à l'hôpital Maisonneuve ce que Barrabas est à la Passion. Tous avaient pour moi une chaleureuse sympathie. À l'urgence, on s'empressa de soigner Luc pour le ramener le plus vite possible à la maison au cas où Olivier lui téléphonerait.

— Ma chérie, je commençais à m'ennuyer. T'en as bu du café... m'accueillit ce dernier quelques heures plus tard.

— Voyons, Olivier, dis-je pour mieux mentir à nouveau. T'as dormi un bon bout. Je me suis absentée à peine une demi-heure...

Depuis trois mois, Yolande Circe passait huit heures par jour, cinq jours sur sept, avec moi; papa m'attendait souvent jusqu'à quatre ou cinq ou six heures du matin; de temps en temps, je dépaquetais une boîte chez moi quand maman s'y arrêtait et le chien d'Olivier m'accueillait immanquablement selon l'humeur et l'état de son maître hospitalisé à plusieurs kilomètres de là. Olivier ne mangeait plus seul, il ne se levait plus seul, il ne se retournait même plus seul.

Puis, vint le moment où nous pleurâmes en choeur.
— Écoutez, madame Guimond, dit un soir le Docteur Lavallée en m'abordant, sans se soucier d'une multitude de témoins. Je n'ai pas le droit de laisser cet homme souffrir ainsi. Il faut risquer une nouvelle intervention.

Mais pas un seul des trois chirurgiens consultés ne désirait opérer un cas semblable. Pourquoi s'attarder à une tentative vouée à l'échec? Aucun expert n'aime les défaites! Le même soir, le Docteur Lavallée les réunit tous trois et les supplia de considérer le cas personnellement et non professionnellement. Finalement l'un d'entre eux accepta.

Le vendredi suivant, on annonça à Olivier qu'on croyait avoir finalement repéré puis identifié le microbe.
— Cette fois, nous devrons inciser au foie car la bibitte s'est déplacée, précise le docteur Lavallée.

Olivier répondit qu'il savait très bien ce qui l'attendait... Et malgré toutes ces mines réjouies depuis l'annonce de la bonne nouvelle, Olivier déprimait. Un soir, l'infirmière s'approcha de son lit et lui dit pour l'encourager:

— Monsieur Guimond, si j'étais à votre place, je donnerais un bon coup de poing sur la table et je me dirais que quatre mois ça suffit amplement! Y est temps que ça bouge là-dedans!

— Ça me donnerait quoi? répliqua Olivier. Un poignet dans le plâtre? Ça va assez mal comme ça, merci...

— Personne veut que personne meure, hein? réussit-il à dire plus tard dans la soirée en nous fixant tous. Mais même John F. Kennedy est décédé.

Un à un, les visiteurs se retirèrent discrètement, la gorge serrée. Avant mon départ et contrairement à la fois précédente, Olivier me demanda de revenir pour six heures le lendemain matin. Cette fois, il voulait absolument me tenir la main quand la civière l'emmènerait pour nous ne savions plus vraiment où et il voulait la sentir sur son front lorsqu'il s'éveillerait.

— Regardez! Ça, c'est une femme de parole, dit-il aux infirmiers comme j'arrivai dans sa suite le samedi matin.

— Olivier, voyons donc... Ça va bien aller, dis-je pour calmer les larmes qu'il versait à la porte de l'ascenseur. C'est fini, mon amour! Finis, nos problèmes sont finis, tu comprends? Adieu la bibitte, lui dis-je.

Je ne jouais pas, vous savez; malgré les récentes déclarations des médecins, je demeurais convaincue de ramener mon homme un jour à la maison. Une seule demi-heure s'écoula avant son retour, et même ce court laps de temps me faisait douter. Pauvre imbécile... Pourtant, je frémis au son d'une voix féminine nous avisant que les prochaines quarante-huit heures seraient critiques.

— Si vous voulez rester, ajouta l'infirmière.

Ces deux jours-là, Olivier a dormi, n'ouvrant les yeux qu'à quelques reprises, les promenant lentement de

Yolande à moi, de moi à Yolande, avant de se refermer pour quelques heures encore. Et, tour à tour, les visiteurs soulignaient sa bonne mine. Jusqu'à ce qu'ils puissent l'en féliciter personnellement le mercredi suivant. En ce cinquième jour après la «fatale» intervention, Olivier agissait et réagissait comme s'il était hospitalisé pour un vulgaire ongle incarné. Nous en étions tous épatés, cela va sans dire. C'est moi qui avais raison; la médecine s'était encore trompée, pensai-je. «Miracle», murmuraient les autres.

Mais l'après-midi du 26, Olivier faiblit à nouveau et il perdit incontrôlablement ses selles. Maladivement propre, l'infortuné pleura l'accident pendant des heures.

— Voyons, monsieur Guimond, ça se produit tous les jours chez cinquante pour cent de nos patients, dirent les infirmières pour le calmer. C'est la première fois que ça vous arrive en quatre mois. Vous n'avez rien à vous reprocher, au contraire...

— Je ne le prends pas, déplora-t-il longuement.

Il refusa de souper et, en soirée, je me promenai nerveusement du couloir, au salon, à la chambre, pleurant cinq minutes, le distrayant cinq autres. Maintenant, je redoutais quelque chose: ce choc survenu semblait annuler tous ceux évités jusqu'ici. Puis, maîtresse de mes émotions, je m'installai à ses côtés pour regarder la télévision. Soudain, sa respiration ralentit lourdement.

— Manon, Manon, paniqua-t-il alors, effroyablement. Je m'en vais, je m'en vais. Je vais mourir, Manon. Ça y est. J'ai peur, j'ai peur; je m'en vais, Manon...

— Voyons, Olivier. Tu t'énerves encore, le secouai-je aussi gaiement que possible. Tu n'as jamais eu l'air aussi reposé. Tu ne vas pas me parler de mourir ce soir...

— Mon amour, j'ai peur, j'ai peur, délira-t-il de plus belle.

— De quoi, Olivier? Voyons, je suis là. Tu rêves encore...

— Manon, prends soin de toi, prends soin du p'tit. Prends soin du p'tit, je t'en supplie, s'écria-t-il fortement.

— Monsieur Guimond, monsieur Guimond, calmez-vous, intervint l'infirmière. Tenez, avalez-moi cette pilule.

— Je m'en vais! Oui, ça y est, soupira-t-il.

Tout à coup, ses yeux se renversèrent.

Chapitre 23

IN MEMORIAM

Complètement droguée, je ne saurais relater précisément ce qui s'ensuivit. Je me souviens à peine d'avoir vu une équipe d'hommes habillés de blanc s'empresser dans la chambre comme j'en franchissais le seuil, soutenue par garde Fontayne. Mais qui s'était chargé de prévenir la famille, les amis? Je n'en ai aucune idée! Pourtant, une demi-heure plus tard, tous arrivaient et pleuraient, le long du couloir qu'ils avaient si souvent longé. Les infirmières pleuraient également.

— Jamais, il ne faut jamais s'attacher à un patient; on en deviendrait folle! m'avait confié l'une d'entre elles quelques semaines auparavant.

Pendant que nous tous pleurions le décès d'Olivier, croyez-le ou non, un autre choc terrible m'arriva, c'était presque un cas unique, aussi unique que pouvait l'être Olivier.

Quarante-cinq minutes après l'heure officielle du décès, les internes ressortaient de la chambre...

— Madame Guimond, madame Guimond! Le coeur de monsieur Guimond bat à nouveau, s'énervaient-ils. Monsieur Guimond est revenu; Monsieur Guimond est revenu! se réjouissaient-ils aussi.

En deux secondes, nous étions tous rassemblés autour de son lit. Lentement, Olivier ouvrit les yeux.

— Merci, les gars. On a besoin de types comme vous, lança-t-il pour remercier ceux qui venaient d'accomplir le miracle.

— Non, monsieur Guimond. Il ne faut pas nous remercier, répondit le supérieur en pleurant. Si nous l'avons fait, c'est parce que nous, nous avons besoin de types comme vous...

— Non, non, reprocha celui qui s'était permis une brève intrusion dans l'au-delà. Je vous remercie beaucoup. Encore une fois il vivait pour les autres, puis il sombra dans un coma.

Tubes et filages furent rebranchés en un temps record! Tout ça, pour replonger dans une définitivement fatale agonie un homme s'étant déjà tellement surpassé pour survivre; un homme qui avait accepté d'atroces heures, semaines et mois pour ne pas abandonner sa femme et son fils et sa Province. Moi, j'étais dépassée par les événements. Mon homme ressuscité n'avait songé qu'à une seule chose: remercier ses rédempteurs d'avoir persévéré quarante-cinq minutes pour lui en accorder dix de plus. Chacune des infirmières m'indiqua à son tour qu'Olivier mourrait automatiquement si un seul des appareils était débranché. Était-ce assez clair! Pas pour moi! Olivier était revenu! Et, il gardait les yeux ouverts; fixes, mais très certainement ouverts! Et, on m'avait dit qu'il n'entendait rien; et, il les avait subitement détournés vers moi — en m'effrayant, c'est vrai — lorsque j'avais dit à mon amie Jeanne qu'il s'en sortirait encore une fois. Donc, il allait survivre!

Mais, le samedi après-midi on abaissa irrévocablement ses paupières sur ses beaux grands yeux bruns.

— Madame Guimond, m'expliqua-t-on, ils sont devenus trop gluants. Il faut absolument les lui fermer maintenant car les déchets vont s'accumuler et nous pourrons difficilement les refermer après son décès.

— Ça bien du bon sens, répondis-je évasivement.

Sérum au cou, oxygène aux narines, transfusions sanguines, on lui banderait finalement les yeux. Franchement, on s'étonnait avec raison de mon ignorant optimisme. Cette image m'a traumatisée durant les trois années qui suivirent.

Un peu avant l'aube le lundi matin, garde Fontayne me proposa d'aller me reposer quelques heures chez ma soeur.

— Seulement si vous promettez que vous ne me téléphonerez pas pour me dire qu'il est mort, posai-je comme condition.

Ce dont elle convint. Mais comme nous arrivions chez Georgette, le téléphone retentit.

— Madame Guimond, vous préféreriez sûrement être ici, m'annonça l'infirmière qui préférait, elle, respecter sa promesse.

Il lui restait trente minutes à vivre, une lancinante demi-heure où les appareils faiblirent et s'éteignirent un à la suite de l'autre. Il venait de s'éteindre une seconde fois.

— Vous allez me laisser l'embrasser.

Je réussis à convaincre le personnel redoutant toute contagion.

Comme je me relevais, le Docteur Mathieu de la Banque des yeux m'offrit ses condoléances avant de me demander si je lui cédais les précieux organes d'Olivier.

— Il a toujours tout donné, il ne m'en voudra pas si je donne ses yeux... répondis-je instinctivement, sans hésiter un seul instant.

— Manon, tu ne réalises pas ce que tu fais, s'exclama

Georgette. Cet homme-là a été coupé de tout bord, tout côté! Tu ne pourrais pas lui laisser ce qui lui reste?

Sa réaction, des plus sensées, me fit réfléchir un peu, certes, mais l'équipe devant greffer avant vingt-quatre heures s'affairait déjà autour du lit, nous priant de sortir. Dans son énervement, ma soeur oublia son sac à main et retourna immédiatement le quérir. Les médecins, eux, n'étaient pas énervés, ils étaient très énervés! Et il ne firent nulle attention à l'intruse. Au moment où ceux-ci retiraient les globes de leur orifice, celle-ci s'écria:
«Manon, tu ne te le pardonneras jamais!»

Claude Poirier, l'intrépide reporter, arrivait simultanément accompagné d'une multitude de personnes qu'il prévenait pour la seconde fois. Après les formalités d'usage, je me retrouvai enfin seule dans ma voiture. Une idée m'obsédait. En fixant l'énorme masse de briques beiges devant moi embrouillée par les larmes, je me disais: «L'âme d'Olivier est montée au ciel en passant par la chambre où celle de Luc est arrivée. Sept ans auparavant, l'un naissait au 707; aujourd'hui, l'autre mourait au 507.» L'image allait me poursuivre longtemps, longtemps. À la maison, à la très grande surprise de ma mère, le chien d'Olivier pleurait depuis que le téléphone avait sonné quelques heures plus tôt... Depuis deux jours, une tante, Soeur Gabrielle Bélanger, y demeurait, mes parents l'ayant priée de préparer Luc. Évidemment, elle le préparait plus convenablement que je ne pouvais espérer le faire moi-même.

Je n'avais pas dormi depuis six jours et six nuits et je n'avais certainement pas l'intention de me mettre au lit. Le temps d'avaler un café, je me dirigeai chez le fleuriste pour y sélectionner l'oeillet de sa boutonnière. Prochain arrêt: le salon funéraire où je remis d'abord à l'embaumeur les boutons de manchettes en or, un cadeau de ma famille que nous avons cherché pendant six mois par la suite car je ne me souvenais pas les avoir enterrés avec leur propriétaire. J'optai ensuite pour ce qu'il y avait de mieux comme cercueil. Une tombe d'acier de serpent illuminée de l'intérieur à l'image d'une rampe de scène et hermétique, pour le préserver pendant vingt ans, me fut offerte pour sept mille dollars. D'une part, je n'avais aucune idée de ce que représentait cette somme; d'autre part, j'ai cru que je pourrais retourner le voir tous les ans, pendant vingt ans, sans qu'un seul de ses cheveux n'ait changé. Je n'ai donc pas demandé à en voir d'autres. Entre-temps, à l'étage supérieur, ma soeur louait le plus d'espace possible. En fait, on lui accorda les quatre salons de l'étage.

J'y revins accompagnée de Luc. Dans l'obscurité du 29 novembre, des policiers dirigeaient la circulation et les piétons entassés sur la rue Crémazie. D'abord, je ne réalisai pas qu'on s'amassait ainsi en hommage à Olivier Guimond mais quand les gardiens repoussèrent la foule pour nous laisser passer, je ressentis une honte de ne pas avoir pensé à la peine de son public.

À l'intérieur, Gilles Latulippe, Paul Berval et Fernand Gignac, Claude Blanchard se tenaient debout au fond d'une salle abondamment fleurie. Je gardais Luc à l'oeil, craignant toute réaction à tout instant. Lorsque les quatre amis s'avancèrent pour nous accueillir, l'enfant entrevoyait son père pour la première fois en quatre mois comme des milliers et des milliers d'entre vous le virent en le visitant sous ses derniers projecteurs. Luc, lui, en subit mal les effets. Pendant une bonne minute, il est resté agenouillé, silencieux, immobile. Puis, il réagit.
— C'est même plus vrai, c'est même plus mon papa. Je n'ai même plus de papa, hurla-t-il.

Les amis l'empoignèrent et l'emmenèrent. Entre-temps, je cédais ma place aux nombreux visiteurs et devais me satisfaire d'une toute petite dans les salons des fumeurs. Richard, l'aîné des fils qu'Olivier léguait à la Terre, arrivait à Dorval. Il n'allait pas me quitter d'une semelle. Étonné par l'agitation, il répétait constamment:

— Manon, quel genre de père ai-je eu? Fernandel et Bourvil sont morts sans recevoir d'hommage semblable.

— Richard, je t'en prie, change de sujet, lui demandai-je à plusieurs reprises. Je t'expliquerai tout ce que tu voudras bien, après les funérailles...

Le mardi matin, Luc me pria de l'excuser de ne pas se rendre au salon ce jour-là. Honteux de ses enfantillages de la veille, il désirait méditer sur son manque de maturité. Au salon funéraire, les gens défilaient déjà par centaines, des autobus venus de partout formaient d'étranges forteresses autour de la résidence Urgel Bourgie. Trente-cinq mille d'entre vous avez défilé devant moi sans que je puisse vous remercier, vous communiquer ma sympathie, vous qui me laissiez passer si gentiment quand on vous demandait de vous tasser pour que je puisse m'agenouiller un peu auprès de mon mari.

Le mercredi matin, Luc arriva au salon fermement décidé à contrôler la situation. Ce qu'il entreprit aussitôt arrivé lorsque sa grand-mère rompit le silence en sanglotant. Il descendit lentement de son fauteuil, s'approcha solennellement et relevant la tête lui dit d'un air très sérieux:

— Grand-maman, tu n'as pas le droit de pleurer. Toi, tu l'as eu pendant cinquante-sept ans; moi je l'ai eu seulement sept ans et je ne pleure pas car je sais très bien que papa ne veut pas que je pleure. Tu devrais peut-être l'écouter aussi.

La leçon, il la répéta à tous, moi y compris, lorsqu'un nouvel arrivant ou un éprouvé bien-aimé s'émouvait et pleurait. Je ne sais trop combien de temps il avait consacré à ses inhabituelles méditations, mais il en tira très grand profit. Et moi aussi.

Le directeur des funérailles accomplissait de son côté des prodiges.

— Madame Guimond, mentionna-t-il le mercredi soir, depuis trois jours je n'ai pas eu le temps de dormir.

Le lendemain matin, il s'affolait des fleurs qui s'entassaient toujours. Les quatre salons en débordaient, les couloirs en suffoquaient et le sous-sol en comptait de plus en plus.

— S'il vous plaît, laissez le reste pour les autres défunts, le priai-je quand je lui confirmai que douze landaus et non vingt-quatre suffiraient pour fleurir le cortège funèbre.

Il m'accorda également cinq minutes toute seule avec mon homme avant de refermer sur lui la porte du temps.

Vingt-cinq mille personnes massées sous le boulevard Métropolitain nous attendaient depuis l'aube. À l'intérieur de l'église patronnée par Saint-Alphonse d'Youville, le plus grand temple disponible pour la circonstance, douze diacres et sous-diacres assignés par Monseigneur Grégoire demandaient grâce à Dieu. L'archevêque m'avait avisée de ses intentions de célébrer la cérémonie religieuse lorsqu'il s'était rendu au salon funéraire mais je ne m'attendais pas à tant d'éclat. À ma grande surprise, Yoland Guérard rendit le plus grand hommage vocal qu'il pouvait offrir à l'homme qui avait oeuvré dans un domaine étroitement lié au sien. De Jean Duceppe à la plus inconnue des inconnues, tous pleuraient et je ressentais péniblement l'oeil des caméras.

«Mon Dieu, priai-je profondément, donnez-moi la force de me tenir debout. Il ne faut pas que je fasse honte à Olivier.» Richard, lui, soutenait Luc que j'arrivais à peine à repérer dans l'étourdissant hommage. Je me souviens pourtant des propos de Richard comme nous remontions à bord de la limousine familiale:

— Tu ne crois pas qu'il est heureux de nous voir ensemble, dit-il en indiquant du menton le corbillard se dirigeant vers le cimetière de la Côte-des-Neiges.

Et bien que je ne me souvienne guère du trajet parcouru, j'entends encore les applaudissements qui s'élevaient des coins des rues, comme s'ils répondaient en écho à ceux proposés par Denis Drouin quand le comédien rendit le dernier et le plus vibrant des hommages à son irremplaçable compagnon.

À notre descente des flancs du mont Royal, les représentants de la compagnie Labatt nous attendaient au restaurant Sambo, là où Olivier avait organisé une grosse réception sept mois plus tôt pour fêter les sept ans de son «bébé». Contrairement aux réunions qui succèdent d'ordinaire aux enterrements, les gens se recueillaient et ne se mêlaient pas beaucoup. Tous rentraient chez eux au bout d'une heure, laissant là le buffet élaboré et l'abondance des boissons. Denis Drouin et notre ami Maître Guy Rouleau nous ramenèrent à la maison où s'étaient réunis quelques proches.
— Bon, ma belle Manon, faut que tu tombes, me dit l'un d'eux en me servant quelques trois onces de cognac avec mon café.

Après en avoir bu les deux tiers, j'invitai tout le monde à partager une fondue bourguignonne le lendemain soir. Tous acceptèrent l'invitation, sachant très bien que j'allais m'accorder quelques jours au pays des rêves...

Chapitre 24

EFFETS SECONDAIRES

Au lendemain des funérailles, on me livrait le gigantesque arrangement floral portant la mention «Olivier, le comédien», offert par l'Union des Artistes et le gigantesque chapeau qui, offert par ma famille, occupait le centre du salon.

— Ce sont de très beaux morceaux et nous avons cru que vous aimeriez les conserver, ajouta l'employé.

— C'est une très bonne pensée, le remerciai-je en le priant de ranger les encombrantes pièces dans la salle à dîner déjà étroite.

Personne n'approuvait mon idée et moi-même, au bout de vingt-quatre heures, j'étouffais à cause de l'odeur. Je téléphonai à maman pour lui demander d'acheter un aérosol avec lequel je glacerais chacun des oeillets. Maman en avait compté quelques centaines sur l'immense plaque de quatre par huit pieds. Vous devinez qu'elle ne put trouver le produit en question... Entretemps, les fleurs que j'avais accepté de descendre au sous-sol se détérioraient et s'asséchaient rapidement. Quelques jours plus tard, mon frère vint vérifier l'authenticité des propos de nos parents.

— Ma p'tite soeur, il faut que tu te réveilles, me réprimanda-t-il. Je vais te débarrasser de tout ça, puis tu vas recommencer ta vie en neuf. Tu comprends, il faut recommencer!

— T'as bien raison, ne pouvais-je que répondre.

De son côté, Richard attendait les explications promises. Patiemment, Denis Drouin le gardait chez lui et lui faisait visiter la ville. L'aimable comédien se chargeait, à sa façon, de relater la carrière à l'intention de l'orphelin et quand je communiquai enfin avec le «beau grand garçon», c'était pour lui proposer d'aller à Pointe-Fortune. Le chalet que nous occupions tous les étés renfermait une multitude de souvenirs pour Richard, dont une carabine qui le fit frémir de fierté lorsque je la lui remis. De retour à Montréal, il hérita de plusieurs manteaux et accessoires de toilette ayant appartenu à son célèbre papa. Quand Richard parla de l'absence de nouvelles pendant de si longues années, je lui racontai comment nous célébrions son anniversaire et celui de Marco, même après la mort de ce dernier.

— C'est vrai, ta mère a prouvé qu'elle était une femme extraordinaire en tenant à vous élever. Mais je dois te dire la vérité au sujet de ton papa.

Et je lui remis tout le courrier non accepté qui ne leur était jamais parvenu, y compris l'encyclopédie généalogique.

— Pauvre papa, ce qu'il a dû souffrir! s'exclama Richard les larmes aux yeux.

Depuis le jeudi de l'enterrement, Luc et moi dormions chez mes parents. La fin de semaine suivante, Claude, après m'avoir si intelligemment débarrassée des arrangements floraux mortuaires, entreprit de me donner une deuxième bonne leçon. Il nous fit monter dans sa voiture et nous expliqua en se dirigeant vers Cité-Jardin:

— Olivier vous a acheté une belle petite maison.

Puis, après une pause réfléchie, il poursuivit à mon intention:

— Toi, t'as ton gars, puis suffisamment d'idées pour l'occuper et t'occuper aussi. Il te reste à nous prouver que tu es une vraie femme et surtout qu'Olivier avait raison de le croire.

Il m'avertit ensuite très sévèrement de ne jamais déménager de là. Sachant maintenant qu'Olivier n'avait pas eu le temps de me la léguer dans les deux semaines écoulées entre la date d'échange et son hospitalisation, Claude craignait de la voir s'envoler, et le prix avec, si j'emménageais ailleurs. En y demeurant, on ne pouvait m'en expulser légalement malgré la faille du testament.

En entrant à la maison, Luc s'installa dans le fauteuil préféré d'Olivier pour y écouter inlassablement le *Je partirai* de Gilbert Bécaud, gravé sur une cassette achetée par Olivier quelques semaines avant que nous y emménagions.
— Maman, je ne pourrai jamais vivre sans mon papa, pleurait-il.

Je m'acharnai à lui transmettre l'optimisme perçu chez mon frère quelques heures plus tôt et le lendemain matin, je le regardai partir pour l'école. Il en revint en moins bonne forme, repris par son désarroi de la veille, Bécaud en musique de fond. Remarquer la beauté de la neige, discuter de la nouvelle décoration, des cadeaux à acheter pour Noël, tout sujet était tristement évité.
— Maman, c'est pas drôle de vivre sans papa! répétait-il sans cesse.

Après cinq jours de pareil scénario, j'allais craquer et l'espace d'une seconde je pensai au revolver de scène d'Olivier. Le samedi, je téléphonai à ma mère et sans lui révéler comment, je déclarai désirer tuer Luc et me suicider ensuite. «Ça nous sert à rien de rester ici, on s'en va retrouver Olivier», lui confiai-je comme le plus grand des secrets. Cinq minutes plus tard, la famille enfonçait la porte et nous ramenait à ses côtés. On me laissa divaguer quand je divaguais et on entretenait de longues conversations quand je conversais... Comme un somnambule, je participai à plusieurs émissions de radio et de télévision.

À la mi-janvier, je reçus un appel du Docteur Mathieu de la Banque des yeux. Il me parla d'abord de l'article paru dans *La Patrie*.

— Madame Guimond, vous avez fait renaître notre institut, déclara-t-il. Tout le monde oubliait de faire un tel don mais depuis le 1er décembre, nous en avons compté près de deux mille. En remerciement pour votre geste, nous désirons vous offrir la présidence d'honneur de la Banque des Yeux...

— Vraiment, docteur, j'ai agi impulsivement. Je ne le regrette nullement et je suis bienheureuse d'avoir incité les gens à m'imiter. Mais je ne l'ai pas fait pour retirer quelque chose, m'excusai-je, intimidée.

— Écoutez, nous n'agissons jamais de la sorte. Mais devant ce que vous avez provoqué, le patient qui a reçu les yeux de monsieur Guimond accepterait volontiers de vous rencontrer, proposa-t-il encore. La greffe est un succès total!

— Vous êtes très gentil; et, s'il vous plaît, veuillez remercier la personne en question. Mais je ne crois pas pouvoir le rencontrer. Du moins, pas pour l'instant, dis-je à nouveau.

Georgette me remercia avec émotion d'avoir écouter mon coeur lorsque je lui relatai la conversation. Elle me rappela également qu'une succession attendait d'être étudiée, mais notre notaire déplorait toujours la rareté et le retard de détails nécessaires dans de pareilles procédures. Puis une amie-vedette du milieu artistique qui m'inspirait confiance se préoccupa de me «libérer de certains fardeaux qui m'empêchaient de fonctionner normalement».

Olivier, un grand amateur de pêche.

Olivier et Me Jean
Drapeau en compagnie
de Raymond Beaulieu
de la brasserie Labatt à
l'été 1967 à l'Hôtel de
Ville de Montréal.

Une photo amusante,
Olivier et Donato
Paduano.

242

Une courte série à Radio-Canada. «La branche d'Olivier», avec Denis Drouin et Olivier.

La télésérie «Cré Basile» fut certainement celle qui marqua le plus le grand public; les deux piliers en furent Denis Drouin et Olivier Guimond.

Le Bye Bye de 1970 qui marqua Olivier. Denis Drouin et Olivier dans le rôle du soldat québécois.

L'auteur de «Cré
Basile», Marcel
Gamache et son grand
comique.

Le patron d'Olivier
était le regretté Maurice
Gauvin.

Olivier Guimond et Juliette Huot.

Olivier et Gilles Latulippe.

Olivier Guimond et Béatrice Picard.

Un invité à l'émission
Pierre Lalonde.

Olivier Guimond avait été invité à signer le Livre d'or de la Ville de Québec. On reconnaît Amulette Garneau, le maire Gilles Lamontagne, Olivier, Béatrice Picard et Denis Drouin.

Un beau party: à l'avant-plan, Marcel Gamache, Maurice Legault de la brasserie Labatt, Amulette Garneau, Denis Drouin, Olivier, Béatrice Picard et Raymond Beaulieu de la brasserie Labatt.

Encore une magnifique photo-souvenir: Pierre Ste-Marie, Amulette Garneau, Manon Guimond, Denis Drouin, Béatrice Picard et Olivier.

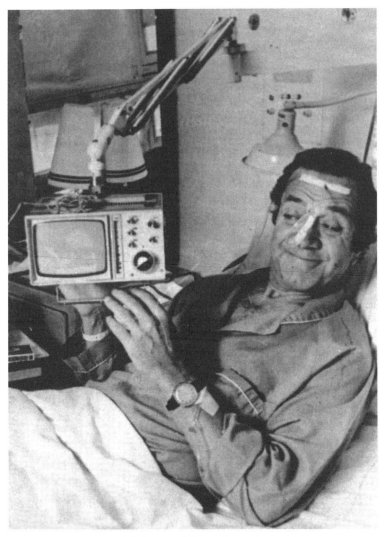

Même très malade, Olivier gardait toujours le sourire.

Richard Guimond, Manon et Olivier, une dernière fois.

Lors des funérailles: Manon et Luc Guimond.

Les porteurs, tous des amis intimes, accompagnent le comédien pour la dernière fois.

Une partie de l'immense foule qui a assisté aux funérailles.

Un hommage à Olivier Guimond « le » comédien.

La revue TV-Hebdo a institué le trophée Olivier-Guimond qui souligne l'hommage du public à l'artiste le plus sympathique.

Elle envoya mon chien à la campagne et m'offrit gratuitement un cinq pièces et demie inoccupé dans un de ses duplex érigés face à mon ancienne maison de la rue Monsabré. Elle se chargea ensuite de me soumettre les paperasses concernant différents collègues pour y inscrire Luc et elle alla elle-même planter la pancarte «À vendre» devant ma maison de Cité-Jardin. Au même moment, la santé de mon père déclinait; il acceptait difficilement la condition de son petit-fils. Sa réaction nerveuse créant des problèmes respiratoires, on dut l'hospitaliser au foyer Sainte-Germaine Cousin, à Pointe-aux-Trembles. Au cours des mêmes semaines, ma mère annonçait à madame Guimond que les journaux annonçaient le retour de Jeanne-D'Arc Charlebois au pays. Malgré l'amitié qui les liait alors, ma belle-mère répondit ignorer tout de ses intentions. Le lendemain midi, on me téléphona chez mes parents.

— Bonjour, c'est Manon? demandait une voix inconnue.

— Oui...

— J'arrive à Montréal. Je suis Jeanne-D'Arc Charlebois. Je tiens à vous offrir mes sympathies. Je vous téléphone d'en haut, car je resterai ici pour une quinzaine. Dites, si nous allions bouffer?

— Non, c'est gentil mais je préfère remettre ça à plus tard, dis-je en réalisant les faits. Pourquoi madame Guimond avait-elle ainsi menti à ma mère. Je ne cherchai guère une explication car je ne voulais plus jamais la revoir. J'abordais une des plus éprouvantes périodes de ma vie et je n'avais certes pas besoin de la présence d'une femme capable d'autant d'hypocrisie dans mon entourage. Et, pour ne pas abandonner ma mère esseulée en acceptant l'offre de celle qui se chargeait d'être mon supposé ange gardien, je la logeai dans un autre appartement de la riche propriétaire. Sans que je redoute quoi que ce

257

soit, celle-ci avait beaucoup insisté pour que nous ne partagions pas le même.

Les fins de semaine, Luc sortait du Collège du Saint-Nom-de-Jésus et nous occupions nos week-end en visitant parents et amis. Mais quand le soleil disparaissait à l'horizon le dimanche soir, des crises d'hystérie le terrassaient et j'avais grand-peine à l'abandonner dans son dortoir. Les pleurs qui mouillaient sans arrêt ses cahiers furent peu à peu accompagnés d'effrayantes fièvres. Insatisfait d'examens routiniers, le Docteur Gauthier décida de l'hospitaliser pendant trois semaines, sans toutefois avoir repéré les dangereux caillots sanguins qui auraient pu provoquer un traumatisme de très haut degré. Au moins, ce congé l'a beaucoup reposé. Mais fin mars, sa température fit bondit à nouveau le mercure du thermomètre. Le matin de Pâques, il indiquait cent cinq! Je m'empressai d'aviser l'hôpital où nous étions presque aussi connu que le Directeur général.

Comme nous nous apprêtions à nous y rendre, on me livra un plant de lys pascaux. La petite carte adressée à Madame Olivier Guimond était signée de la gérante des huit dernières années de cabaret de celui-ci, un bourreau du travail qui, depuis la mort de son protégé, visitait souvent ma mère et la gâtait de friandises.

— Je te remercie, c'est vraiment très gentil, lui téléphonai-je immédiatement. Je ne pourrai pas te parler longtemps car je dois amener Luc à l'hôpital le plus vite possible, dis-je d'un seul trait.

— Comment? s'offusqua la dame. Ces fleurs sont pour madame Guimond.

— Non, mais je ne te comprends vraiment pas! Je m'appelle aussi Madame Olivier Guimond. Ne te fâche pas comme ça, je vais les lui retourner. Je devrai maintenant te laisser car je dois conduire Luc à l'hôpital.

— Je m'en fiche que ton fils sois malade! Et puis,

tiens, j'aime autant ne plus jamais te parler du reste de mes jours, dit-elle en raccrochant.

J'aurais bien aimé trouver quelqu'un pour m'expliquer la raison de son attitude mais, pour l'instant, Luc importait beaucoup plus. D'ailleurs, j'apprendrais au cours de sa nouvelle hospitalisation de deux semaines que l'imprésario d'Olivier m'en voulait de ne pas lui avoir réservé une place à l'intérieur de l'église le jour des funérailles. Cinq mille personnes s'entassaient sur les bancs et veuillez me croire, je n'ai aucune idée de l'identité de la personne qui était assise juste derrière moi... Arrivée en retard, elle n'avait pas pu s'introduire à l'intérieur et elle m'en gardait une ridicule rancune comme si j'étais responsable de sa malchance.

Luc, évidemment, allait échouer à ses examens de fin d'année. Il s'en doutait déjà le 29 mai, date à laquelle, tous vêtus de blanc, nous étions invités au dévoilement d'un bronze commémoratif à la Place des Arts soulignant le *Prix Affection* Olivier Guimond institué par le journaliste Roger Chabot. L'événement le réjouissait depuis quelques semaines et l'énervait aussi. Soudainement, du sang jaillit de son nez. Et ça saignait abondamment! Tandis que je l'épongeais, l'enfant se préoccupait de son costume et le conducteur me priait d'oublier sa banquette arrière. Aussi pâle que ses habits, Luc tenait pourtant à assister à la cérémonie. De plus, il avait hâte de revoir Richard qu'on avait fait venir d'Europe pour escorter sa grand-mère. Après la cérémonie d'une heure et demie, mon amie Monique Chabot et maman le ramenèrent à la maison et les autres se réunirent au Sambo, sur invitation de la compagnie Labatt. Là, leur invité d'Europe s'excusa auprès de sa «Nanny» et il me demanda s'il était bienvenu auprès des Brunelle pour la durée de son bref séjour.

Le lendemain matin vers huit heures, le caillot sanguin qu'on n'avait toujours pas décelé dans le cerveau de Luc, éclata dans un bruit de bouchon, à mi-chemin entre ses oreilles, son nez et sa gorge. Le sang projeté perfora un de ses tympans avant d'éclabousser la table. Maman contrôla encore une fois la situation et vingt minutes plus tard, une ambulance dépêchée par le Docteur Gauthier filait vers l'Hôpital Pasteur.

— Si je perds mon p'tit gars, c'est bel et bien fini pour moi, pensai-je désespérée en y signant les formules d'admission.

Mais vers midi, notre merveilleux médecin se jetait dans mes bras en pleurant: «Madame Guimond, il est sauvé.» Ses artères avaient finalement cédé sous les pressions de l'experte équipe; six mois plus tard, on n'aurait pu le sauver!

Quelques jours plus tard, le même médecin m'avisait que Luc resterait à l'hôpital un bon mois: la varicelle était apparue et on l'attacha à son lit pour ne pas qu'il se gratte. Encore aujourd'hui, je cherche quel sort nous tenaillait ainsi...

Le 30 juin suivant, date à laquelle Luc obtint son congé, c'est moi qui m'effondrai. Un an d'angoisses éclatèrent et ma cuisine en fut virée sens dessus-dessous en l'espace de quelques pirouettes! Fort heureusement, mon amie Huguette, celle qui pendant des années était mon soutien, était chez moi en cette lamentable matinée et elle parla au Docteur Tanguay, un médecin qu'elle connaissait fort bien. Pratiquant à l'hôpital Santa-Gabrini, elle décida de m'y conduire.

— Je refuse de m'y rendre dans la Riviera, affirmai-je en me rappelant la hantise d'Olivier d'y monter le 27 août de l'année précédente.

À Santa-Gabrini, on m'injecta un calmant et on décida de m'y garder pour un repos nécessaire. Malgré l'emprise du médicament, je réussis à voir le numéro 507 sur une porte de chambre, puis le numéro 508 sur celle de la chambre où on m'alita. Quel ne fut pas le choc en me souvenant du numéro de chambre d'Olivier à Maisonneuve!

Et j'expérimentai à mon tour la confusion mentale. Un peu comme Olivier, je délirai, chantai des mélodies insensées et courus souvent d'une chambre à l'autre en avisant chacun de synthoniser tel poste de télévision où on diffusait un reportage fantastique sur mon défunt époux. Pourtant, mon téléviseur n'était même pas branché! Quand on me demandait comment je me sentais, je répondais me porter beaucoup mieux depuis que je m'étais intéressée à la broderie, moi qui n'avais jamais tenu aiguilles et cerceaux dans mes mains! Quand on remontait les barreaux de mon lit, je réfléchissais et ne disais rien du tout. Aussitôt redescendus, j'hallucinais et étonnais tout le monde. Ma soeur Georgette avait vraiment très peur pour moi. Et elle avait raison!

Parfois, je lui racontais le confort dont nous jouissions dans cette magnifique chambre d'hôtel louée par Olivier exprès pour nos vacances.

— Regarde-moi cette belle piscine, répétais-je souvent en indiquant une marre dans le stationnement. Puis, j'empoignais le téléphone et priais le barman de nous préparer d'exotiques breuvages qu'il pourrait nous servir à la terrasse le temps que nous y descendions.

Entre-temps, le Docteur Gauthier diagnostiquait un cas de sevrage. Depuis un an, j'avalais valium sur valium ou quelque tranquillisant prescrit depuis la maladie d'Olivier. «Une désintoxication s'impose», confia-t-il au responsable de l'aile psychiatrique de l'hôpital Fleury.

Voilà pourquoi je me retrouvai un beau matin dans une ambulance en direction de l'hôpital Fleury où Georgette et son amie Jeannine ne parvenaient à retenir leurs larmes. «Folle? suis-je devenue folle?» commençai-je soudain à m'inquiéter intérieurement. Peut-être! Du moins, jusqu'à ce que j'entende de lourdes portes métalliques se refermer sur le long couloir du huitième étage de ma nouvelle résidence. Ici, on croyait plutôt que je devais occuper une chambre de mourante; mes cheveux longs et teints blonds n'avantageaient guère la chétive maigreur de mes soixante-dix-huit livres... Cependant, une visite du Docteur Fortin me confirma le contraire.

— Madame Guimond, videz-vous le coeur, suppliat-il. Sinon, nous devrons vous soumettre aux chocs électriques pour vous tirer du désespoir où vous vous enlisez...

Une seule de ces allusions me suffit: je suis devenue instantanément lucide, n'arrachai plus aucun rideau et me pliai aux moindres indications. Patiemment, on m'expliqua comment mon métabolisme réagissait à la perte d'Olivier.

— Je n'ai jamais vu une femme perdre autant chez un seul homme, m'expliqua le Docteur Fortin en énumérant le père, l'ami, l'amant et l'époux envolés d'un seul coup.

Le très sympathique psychiatre me conseilla de les oublier un à un, individuellement, méthode des plus efficaces qui me permit de revenir chez moi après trois semaines. Maintenant, on me prescrirait plutôt des antidépressifs, me permettant de gagner une vingtaine de livres.

Chapitre 25

IL ÉTAIT UNE FOIS UNE SUCCESSION

Septembre, octobre, novembre: ma convalescence allait surtout être consacrée à déchiffrer la succession d'Olivier. Mais, pour vous orienter, il faut retourner en arrière, soit en septembre 1967. Quelques semaines avant notre mariage, mon futur époux devait mettre à jour un testament dont il ne s'était guère préoccupé et dont les conventions pouvaient avoir été invalidées, à cause des récentes procédures de divorce et de séparation légale. Olivier me consulta tant sur ses héritiers qu'au sujet de leur héritage respectif. Le sujet n'étant ni des plus réjouissants ni des plus intéressants pour nous deux, nous convînmes rapidement de répartir certains des biens entre Jeanne-D'Arc Charlebois, Richard, Effie et Manon Guimond. Les profits et les biens non issus de ses assurances-vie reviendraient à Luc Guimond sous forme de succession versée en deux parties, d'abord lorsque celui-ci compterait dix-neuf ans et ensuite vingt-cinq ans.

— Écoute, mon amour, prévins-je alors, tu gagnes beaucoup d'argent et tu en donnes autant. Pour l'instant, ça va très bien mais si quelque chose de grave survenait, je ne saurais vraiment pas comment administrer tes affaires. Pourquoi ne pas consulter un bon notaire?

Ainsi, nous prîmes rendez-vous au prestigieux bureau de la rue Saint-Jacques. Et, en ce 15 septembre 1967, soit quatre jours avant nos épousailles, Manon Brunelle-Guimond et Maître X... étaient officiellement désignés exécuteurs testamentaires d'Olivier Guimond Junior. Quelle désastreuse initiative! En fait, j'en ressentais les conséquences depuis l'hospitalisation de Luc en juin 1972.

Au départ, le notaire me versa trois mille dollars immédiatement encaissables selon les normes d'une assurance-vie me demandant aussi de lui apporter toutes les factures de tout ce que j'achèterais pour Luc et pour moi ou pour nous: absolument tout, qu'il s'agisse de mobilier ou d'une paire de chaussons. Il me rembourserait à même la succession. Celle-ci comprenait le montant de vente de la maison de Cité-Jardin, une assurance-vie de trente mille dollars ainsi qu'une autre de trente-neuf mille dollars payable par l'Union des Artistes. Lorsqu'on me consulta pour les redevances de cette dernière, je dus faire appel à un ami, Maître Guy Rouleau, afin d'établir la différence entre «succession» et «héritiers légaux», soit les deux parties susceptibles de toucher cette somme. Comme je n'y voyais pas clair, notre copain l'avocat m'expliqua que Richard, Luc et moi-même recevrions chacun treize mille dollars si j'optais pour cette deuxième possibilité. Autrement, Luc en bénéficierait entièrement aux dates stipulées antérieurement. Puisque Richard, tout comme sa mère, héritait déjà d'une dizaine de milliers de dollars, je versai cette somme considérable dans les coffres de la succession — petite fortune dont Luc ne retrouvera probablement plus un sou car, entre-temps, les dettes n'étaient pas remboursées et les pénalités n'étaient guère amorties.

Notre notaire tardait à émettre mon permis de disposer. Après sept mois, lorsque je lui demandai les résultats de ses responsabilités d'exécuteur testamentaire, il ne répondait plus à mes appels ou prétextait toutes sortes d'imprévus, évasiment, ou encore, s'excusait en disant: «Madame Charlebois me réclame continuellement son argent», ou encore, «Surtout ne vous inquiétez pas, ma p'tite madame». Si Jeanne-D'Arc parvenait à endosser des chèques émis à son nom pour des cinq cents ou mille dollars, pour toucher finalement l'intégralité de son dû, la «p'tite madame» en avait assez de faire la navette pour se voir rembourser les reçus de caisse de son épicerie ou de son nettoyeur. Finalement, il mit la maison de Cité-Jardin en vente; deux jours plus tard, elle avait un nouveau propriétaire et nous profitions d'une première grosse somme dont un appréciable montant revenait en premier versement à ma belle-mère. Frais d'administration et de funérailles réglés, il restait quelque trente-cinq mille dollars. J'exigeai à maintes reprises le paiement du dernier treize mille dollars qui m'attitrait propriétaire du terrain de Québec — évalué à soixante-dix-huit mille en date d'achat. Vous comprendrez que je tenais à sauvegarder les investissements d'Olivier et que je me serais débrouillée par la suite pour régler les taxes annuelles.

Maintenant, parlons un peu de mes bêtises. Si Olivier était décédé lorsque nous habitions la maison de la rue Monsabré, une police d'assurance particulière aurait alors réglé les hypothèques et j'en devenais automatiquement la propriétaire. Lorsqu'Olivier l'échangea contre la maison de Cité-Jardin qui le découragerait irrémédiablement, il n'eut guère le temps de changer les clauses le stipulant à son testament au profit de sa nouvelle propriété. Moi, j'étais beaucoup trop préoccupée à le réconforter pour me soucier d'aussi banals détails. Hélas, cette insouciance ne me donnait aucun droit sur ce qu'il adviendrait de l'immobilier si je ne l'occupais plus. Mon frère le savait et m'en avait sévèrement avisée. Gilles Latulippe aussi d'ailleurs.

— Manon, tu vas rester ici, n'est-ce pas? m'avait-il recommandé à la disparition de son ami. Olivier t'a acheté ça pour toi!

Mais une femme indifférente aux détails matériels ne peut lire grand-chose entre les lignes. Surtout lorsque son univers s'est écroulé et qu'une amie lui offre le soutien moral nécessaire...

Quant à l'assurance-vie de l'Union des Artistes, j'en ignorais l'existence jusqu'au jour où l'organisme m'en avisa, date à partir de laquelle on me versa aussi toutes les semaines deux cent trente dollars syndicalement redevables vu notre pitoyable état financier.

Olivier ne travaillait plus depuis au moins six mois avant sa maladie et nous ne pensions jamais avoir besoin de plus de mille dollars devant nous. Les derniers étaient dépensés depuis belle lurette. Des amis d'Olivier et des amis personnels me suggérèrent alors de demander à l'agonisant de me nommer bénéficiaire d'une telle police de l'Union des Artistes. Imaginez! Jamais je n'aurais osé le lui suggérer. Quelle offense! Je n'aurais pu l'effacer? La somme fut donc retenue par le notaire qui, tenez-vous bien, tardait à émettre le permis de disposer dont il était titulaire au même titre que moi. Me volait-il? Je n'en ai aucune idée et je n'ai nullement l'intention de l'en accuser. Au contraire, j'aurais préféré qu'il se réserve cinquante mille dollars. Si seulement il avait réglé les factures du terrain, je me serais grandement satisfaite de toute balance, aussi minime soit-elle!

À présent, il ne me restait plus un sou. Et j'exprimai vivement mon mécontentement chez le notaire. Les paiements du terrain n'aboutissaient toujours pas, j'en connaissais désormais certaines raisons et ne m'en cachais point. D'âge avancé, il ne pouvait s'adonner à ses causes personnelles aussi ardemment. De son côté, sa secrétaire ne parvenait à assurer la renommée d'une étude jadis excellente. En quelque sorte, je prenais position. Mieux vaut tard que jamais, après tout!

À la même époque, une bonne amie d'enfance me vantait un autre expert en matière d'héritage et de succession. En fait, elle me le recommandait fortement et avouez que cela tombait bien! D'autant plus que je pourrais survivre un peu moins fébrilement grâce aux sept mille dollars de royautés perçues pour un disque enregistré en hommage à Olivier, offerts par Gilles Latulippe et Fernand Gignac. Donc, je pouvais patienter encore un peu avant de soutirer quelque argent de la succession, ce dont je décidai de charger monsieur Jean-Paul Lefebvre.

Sur les conseils de notre amie commune, il vint me voir. Décidément, celle-ci m'avait suggéré un type brillant qui revint quotidiennement chez la «pauvre veuve», la gâtant de friandises et d'attentions de toutes sortes. Après quelques visites, il proposa subtilement de retirer tous mes papiers du bureau du notaire d'où on l'expulsa diplomatiquement à trois reprises. Suite à une assemblée familiale visant à exposer ses intentions et à expliquer mon recours, je le nommai officiellement administrateur des biens laissés par Olivier et lui remis toutes les photocopies du courrier, des documents et des factures adressées au bureau du notaire. Restait à déposer une plainte auprès de la Chambre des notaires. Celle-ci procéda à une enquête dont les résultats me furent communiqués à la fin de février 1974. « Négligence totale, jugea le notaire Dorais d'après les rapports des enquêteurs. Cependant, nous n'y pouvons rien. Votre époux nommait ce notaire « exécuteur testamentaire » plutôt que de se satisfaire de son statut de notaire. Implicitement, la cause ne relève plus de notre autorité. »

Immédiatement après le paradoxal jugement m'autorisant néanmoins à renoncer aux services de l'accusé, je nommai monsieur Lefebvre tuteur de Luc. Ainsi, il démêla saisies, factures, avis légaux et relevés d'emprunts d'un impressionnant doigté! Après lui avoir versé quelques neuf mille dollars en honoraires, il ne me manquait plus que l'avocat pour obtenir mon permis de disposer. Alors je consultai Maître Paul Galt-Michaud en accusant toute la Justice de n'être qu'un commerce malhonnête. Sans l'assistance du gérant de la Caisse populaire Marie-Reine-des-Coeurs, Monsieur Paul Jetté, cette période aurait été un véritable enfer.

Je ne saurais en dire autant de cette amie ange-gardien dont j'habitais la maison. En effet, la propriétaire se chicanait fréquemment avec la locataire de l'étage inférieur pour monter ensuite chez moi de très mauvaise humeur. Casanière pour des raisons de santé et par restriction budgétaire, j'étais souvent surprise par ses visites curieusement réparties et un peu trop souvent prolongées. Estomaquée, je découvris au bout d'un an et demi qu'elle voyait en moi une maîtresse que je n'étais pas du tout et que je n'avais nullement l'intention de devenir. Ni son appui ni sa gentillesse ne m'empêchèrent de jouer «l'un-peu-plus-froide, l'un-peu-plus-distante», comme elle disait... À diverses reprises, je fus réveillée en pleine nuit par des policiers auprès desquels elle s'était plainte du bruit provenant de mon adresse; et, entre Noël et le Jour de l'An, je recevais une lettre d'avocat me priant d'évacuer l'appartement dans les prochains trois mois. Le 22 février 1974, j'emménageais sous une pluie battante rue Élizée à St-Léonard.

À neuf heures trente le samedi matin suivant, je fus réveillée par le téléphone.

— Bonjour, Madame Guimond? demandait l'inconnu.

— Bonjour,

— Je suis le responsable du cimetière de la Côte-des-Neiges et j'ai une bien mauvaise nouvelle à vous annoncer...

Automatiquement, je me demandais ce qui pouvait bien encore survenir dans l'entourage d'Olivier!

— Madame Guimond? Ce n'est pas drôle vous savez, intervint mon interlocuteur.

— Vous n'allez pas me raconter qu'il est arrivé quelque chose à Olivier, éclatai-je en imaginant mon homme répéter son habituel «Combien ça coûte pour avoir la paix?»

— Effectivement, poursuivit-il, et c'est très grave. Une voiture a dérapé la nuit dernière et a fracassé le monument de Monsieur Guimond. Mais le conducteur m'a laissé son numéro d'immatriculation et propose de remplacer la pierre aussitôt que vous l'aurez commandée.

— S'il vous plaît, monsieur, veuillez communiquer avec ma belle-mère, dis-je avant de raccrocher.

Mon cher Olivier, c'était trop drôle pour être vrai. De toutes les pierres tombales qui se dressent Côte-des-Neiges, la tienne devait être frappée! Et si je chargeai ta mère de la remplacer, tu te doutes que c'était pour lui laisser l'occasion d'y inscrire son nom aussi gros que le mien...

Cette belle-mère que je n'avais revue depuis deux ans allait revenir le printemps suivant et, pour situer les événements, nous devrons encore une fois retourner chez monsieur le notaire alors qu'il préparait les documents de septembre 1967. Olivier y était passé en compagnie de sa mère, à peine quelques jours avant moi. Elle lui avait proposé de lui vendre ses deux maisons de Pointe-Fortune pour la somme de quinze mille dollars. À l'époque, je m'étais offusquée d'une telle entente car Olivier avait transformé ces deux chalets ordinaires en résidences annuelles. Il y avait tellement investi d'argent que son bon ami le comptable Philippe Crevier lui avait conseillé de fonder une compagnie pour amortir ses impôts avec ses dépenses d'entretien et de rénovation. De plus, elle disposait à volonté d'une d'entre elles depuis vingt-deux ans et touchait entièrement le loyer versé par le locataire de l'autre. Olivier, entre-temps, réglait mensuellement chacune de ses factures personnelles. Or, depuis avril 1973, elle adressait des suppléants au notaire, priant l'incompétant personnage de lui verser les quinze mille dollars que j'avais oubliés. Monsieur Crevier prépara gratuitement — beau geste qu'il conserva toujours d'ailleurs à mon intention et à la mémoire de son ami, — le relevé des chiffres montrant qu'Olivier avait englouti quelque dix-huit mille dollars en aménageant lesdites maisons. Mais puisqu'aucune facture ne portait le nom de madame Effie Guimond et puisque, avec un coeur d'or comme Olivier, on ne songe pas un seul instant à demander des reçus à sa mère pour tout ce qu'on lui offre ou rembourse, l'affaire traînera en Cour jusqu'en 1978...

Finalement c'est en 1974 qu'on émit mon permis de disposer. Du vingt-sept mille dollars encore percevables de l'assurance-vie personnelle, j'en versai deux mille cinq cents à mon avocat et les ministères du Revenu de nos deux gouvernements s'en partagèrent vingt-deux mille. Du côté des profits provenant de la propriété, je n'en vis guère la couleur et je m'endettai à nouveau de onze mille dollars pour sauvegarder le terrain. Cette dette de treize mille dollars, que j'avais supplié régulièrement le notaire de régler, s'élevait maintenant à trente-sept mille dollars, frais administratifs et intérêts inclus... Autrement, la Banque Provinciale du Canada s'en considérait déjà l'unique propriétaire...

Chapitre 26

BOUÉES DE SAUVETAGE

Tout le monde il est beau, tout le monde il est gentil? Peut-être!... Mais avouez que ce monde-là se faisait plutôt rare sur mon chemin. Pourtant, de détour en détour, je croisai de plus en plus souvent mes deux autres amies d'enfance, Jeanne et Mireille. Jean, l'ami de cette dernière, allait même s'avérer ma planche de salut!

Particulièrement miséricordieux, il m'écouta et m'étudia longuement. Par la suite, celui qui jasa beaucoup m'apprit à canaliser mes énergies différemment. Sa compassion et les exercices physiques et psychologiques suggérés m'aidèrent énormément. De plus, Jean Basco jouissait d'un don pour guérir les douleurs humaines et Mireille découvrit cette caractéristique un soir où maman se plaignait de maux aux reins.

— Conduisez-moi à votre chambre, lui demanda-t-il.

— Et pourquoi s'il vous plaît, désirait savoir maman, plutôt intimidée.

— Je vais vous enlever votre douleur, répondit-il pour la convaincre.

Quelques minutes plus tard, maman revenait complètement soulagée, suivie d'un homme illuminé qui nous confia avoir guéri bien des souffrances de la même façon. «Malheureusement, je ne peux exploiter ce don.» Quelle surprise pour mon amie déjà si étonnée de tout l'optimisme que j'avais déjà retrouvé grâce à lui. À l'époque, je souffrais de ce que je pourrais appeler des crises de panique aiguës. Cette assistance représentait beaucoup pour moi. N'ais-je pas retrouvé grâce à ses directives l'équilibre nécessaire pour affronter des affaires légales loin d'être résolues. Car, je le répète, j'étais excessivement endettée et ignorante!

Début 1975, je me raccrochais parallèlement à une autre bouée. Un soir de janvier, mon amie Jeanne m'invita à souper car un certain Guy, dont nous avions parlé à quelques reprises, souhaitait vivement me rencontrer avant son proche départ pour un séjour de deux mois en Floride. Déjà, en août 74, il m'avait invitée à dîner au restaurant mais je n'étais pas allée au rendez-vous. Cette fois, j'y serais. Le lendemain, Guy arrivait chez moi à l'improviste pour déblayer mon entrée. Puis, sept soirs de suite, il m'emmena souper au restaurant, c'en était assez pour que j'apprenne l'existence d'un fils et l'histoire du contexte où se retrouvait le restaurateur. Moi qui croyais ce bel homme dans la trentaine, trop timide, trop réservé pour entreprendre toute conversation! Finalement, le 3 février, Guy s'envolait vers sa résidence du sud.

Dès le lendemain, et, jusqu'à la fin du mois, tous les jours, il me téléphonait pour m'inviter à le rejoindre là-bas. Je n'avais pas pris l'avion depuis quatre ans et l'idée d'y monter seule me déplaisait certainement; aller retrouver un homme presque inconnu dans un décor inconnu, ne me souriait guère plus! Je trouvai facilement quelques excuses pour décliner la proposition du moins temporairement, jusqu'à ce que je réussisse à convaincre Mireille et Jean de s'accorder quelques semaines de vacances. Ce dont j'avisai Guy seulement la veille de notre départ.

Je ne sais trop si c'est le dépaysement qui m'y incita, mais je reconnus chez lui un charme évident pour plusieurs, une beauté qui ne m'avait jamais autant frappée qu'en cet après-midi. Au fond, j'étais heureuse de le retrouver et il semblait en être de même de son côté; un peu comme si nous nous connaissions depuis plusieurs années. Et c'est effectivement charmée que je lui découvris bien des quaités; il savait tout faire, de la cuisine au jardinage jusqu'à la mécanique; seulement, sa personnalité ne le dévoilait point. Guy dut aussi faire preuve de beaucoup de patience et de beaucoup de maturité avant de pouvoir serrer tendrement contre lui sa nouvelle maîtresse abstinente depuis près de quatre ans. Le matin, mes yeux s'ouvraient sur une des merveilleuses quinze journées envolées en un clin d'oeil. Certes, j'aurais pu rester à ses côtés les deux autres semaines qu'il se réservait là-bas. Toutefois, je préférais rentrer immédiatement à Montréal, de façon à nous laisser réfléchir chacun de notre côté. Tout compte fait, je ressentais l'admiration qui avait illuminé mes jeunes années et lui me parlait de sentiments jamais ressentis pour une femme auparavant.

À son retour, Guy devait visionner chez moi les films tournés par Jean en souvenir de notre escapade dans le sud.

— Tu verras probablement maman en train d'embrasser un monsieur, prévins-je Luc l'après-midi.

— Est-ce que c'est celui que tu as vu souvent avant de partir? demanda-t-il, sourire en coin.

— C'est exact. C'est lui que je visitais et je ne voulais pas te surprendre...

— Tu veux mon avis? questionna-t-il encore. Je crois qu'il est très gentil pour toi et j'espère qu'il le sera autant pour moi...

Tant et si gentil qui je réalisai soudain que nous nous voyions sept soirs par semaine.

Lorsqu'il déclara avoir enfin déniché le grand amour, je provoquai tous les obstacles imaginables pour l'en dissuader. Il les surmontait tous.

Trois mois plus tard, Guy me proposait — en présence de Luc et de maman, de vendre la maison et d'emménager avec nous le temps de construire la nôtre! «Rien de trop beau», selon lui. «Et pourquoi pas?» s'associèrent mon fils et sa grand-maman. À nouveau, je pouvais croire au bonheur et je priai Dieu et Olivier de le laisser me réconforter un peu. Au lendemain de la vente de sa propriété, je recevais un avis de saisie publique sur le terrain de Québec si aucun versement la retardant ne parvenait aux créanciers dans les prochaines quarante-huit heures. Je m'alarmai, m'affolai, vous me le pardonnerez, mais je m'étais évertuée vainement pour protéger cette sécurité-là. En apprenant la nouvelle, Guy déboursa aussitôt les cinq mille dollars requis, endossant pour moi la dette de la Banque Provinciale, désormais élevée à trente-sept mille dollars. Puis, parlant terrain, nous en évaluâmes plusieurs avant qu'il décide d'élire domicile sur le boulevard Gouin. Aussitôt, les ouvriers élevèrent la charpente tandis qu'il veillait personnellement à l'aménagement d'un espace se prolongeant jusqu'à la Rivière des Prairies.

Éventuellement, j'acceptai de recevoir sur son insistance un journaliste à la maison et signifiai au charitable concubin que sa présence ne m'embarrasserait point. Lors de l'interview, on demanda à Luc ce qu'il pensait du nouvel homme dans la vie de sa maman.

— C'est très certainement un gentleman, s'exclamat-il. Seulement, il n'y aura pas de mariage cette année!..

L'enfant, en réalité, se contentait pleinement de retrouver un très grand et très sérieux copain. Les employés de ce dernier, de leur côté, ne reconnaissaient plus le volage célibataire qui ne parlait habituellement

278

jamais de ses affaires de coeur. Enfin, pas une seule journée de 1975 à 1980 n'allait s'écouler sans qu'il me dise compter sur moi pour être heureux. La paix tant recherchée par Olivier, c'est moi qui en jouissais.

En février 1977, nous emménagions dans une maison inachevée qui nous comblait tous les quatre. Puisque Guy se chargeait maintenant de notre bien-être, je lui remis mes fonds d'épargne pour remplacer les appareils ménagers vendus afin de voir naître ses projets. Au printemps, il se chargea lui-même de transformer le terrain, de réaliser le fonctionnel patio, d'épandre l'asphalte de l'entrée, de revêtir les murs de plâtre, etc., etc. L'été y passa.

À l'automne, Madame Guimnd n'avait toujours pas encaissé les milliers de dollars et pour ne pas être obligée de débourser à nouveau pour plaider ma cause devant un tribunal, Guy lui offrit d'acheter ses maisons pour douze mille dollars, stipulant verbalement qu'il le faisait pour Luc, quitte à les revendre plus tard en bénéficiant de tout excédent de la somme initiale. Flattée, prise par les sentiments, ma belle-mère céda.

Chapitre 27

LE PLUS BEL HÉRITAGE

Guy se lança en affaires de nature impénétrable. Il maintenait à présent un froideur des moins excusables. Alors, il me raconta qu'il envisageait de revoir assidûment une ancienne flamme connue quinze ans auparavant. Bouleversée, je me sauvai chez ma soeur. Lorsque je revins quérir certains articles personnels boulevard Gouin, Guy se jeta dans mes bras en pleurant.

— Excuse-moi, Manon, je t'ai monté un bateau, expliqua-t-il. Je voulais seulement éprouver ton indépendance.

Allez savoir pourquoi, une indépendance dont j'ignorais la nature l'avait «vidé». En me rappelant que je brûlais trois cigarettes à la file quand on me signalait les dangers encourus en fumant, Guy me dit aussi que mon orgueil serait ma perte!

— Qu'est-ce qui t'arrive, Guy? Cette fois, tu ne m'aimes plus, devais-je lui demander six mois plus tard lorsqu'il se montra de nouveau aussi froid.

— Non, pas exactement. Je réfléchis. Je fais un bilan de ma vie, répondit-il évasivement.

— Et est-ce que je fais partie de ce bilan?

— Depuis le temps que je te connais, j'imagine!

Assommée, je patientai une semaine avant qu'il ne prononce un seul autre mot.

— Mon bilan est prêt. Si tu veux me questionner... insinua-t-il.

— Si tu ne m'aimes plus, ne me fais pas languir, je t'en prie.

— Oui, Manon, je t'aime encore. Mais pas assez pour finir mes jours avec toi.

— Guy, tu te souviens de tout ce que tu m'as promis? Que ferons-nous de tout ce que nous avons entrepris ensemble?

— Oui, je me souviens de tout ce que je t'ai promis et je n'aurais jamais cru me retrouver un jour dans cette position. Je pourrais continuer à vivre avec toi pendant cinq, dix, quinze ans, mais je ne serais plus jamais le même homme et toi, tu ne m'aimerais plus... Tu es encore jeune, tu peux refaire ta vie...

— J'espère que tu as songé à me suggérer comment... dis-je en pleurant, complètement abattue.

Le lendemain matin, Guy m'offrait justement une suggestion.

— Je t'ai promis que si nous nous séparions, je ne te laisserais pas dans la rue, commença-t-il. Je calcule disposer de douze mille dollars pour t'aider à t'établir ailleurs. Définitivement, je devais partir et les jours suivants s'écoulèrent dans cet état, Guy me serrait contre lui et me demandait de lui pardonner son offense. Quelle franchise désarmante — beaucoup trop insaisissable pour la comprendre!

Février, mars, avril, il n'en reparla plus une seule fois. Tous les soirs, il venait à l'heure du souper pour se changer; et il ressortait. J'ai pensé un moment qu'il souffrait secrètement d'un mal incurable. Aussi, côté affaires, ça ne tournait sûrement plus sur les mêmes roulettes. Mais, vers la fin du troisième mois, lorsqu'il suggéra de garantir l'achat d'un établissement de la Rive Sud avec les maisons de Pointe-Fortune, je présentai les armes.

— J'aurais peut-être besoin de détails, attaquai-je.

— Concernant quoi? demanda-t-il sincèrement.

— Concernant mon départ. Si tu dépenses tout ton argent, moi je ne demande pas mieux que rester ici étant donné que tu ne veux pas me laisser dans la rue...

— Pourquoi t'inquiéter? disait-il.

Son attitude vers moi se modifiait tous les jours. Je me décide finalement à lui en demander la raison.

— Manon, il faut que tu partes un jour ou l'autre mais pour l'instant, je ne peux t'aider à t'établir. Écoute, Manon, on ne peut rester attaché à quelqu'un quand on doit s'embarquer dans autant d'affaires que j'ai décidé de le faire, trancha-t-il sérieusement.

En juin, Guy me proposa de passer l'été à la maison, à la seule condition de nous en absenter un dimanche sur deux afin de recevoir qui il entendait. Les autres dimanches, il recevait mes frères et mes soeurs et leur famille pour de succulentes grillades et de folles soirées en plein air.

Le 16 août, je donnai le gros coup de coeur. À son insu, je visitai un logement annoncé dans le journal. Très convenable et accommodant pour trois personnes, je signai le bail.

— Guy, je voudrais te parler, lui annonçai-je à son retour en fin d'après-midi.

— D'argent? Je n'en ai pas, rechigna-t-il.

— J'ai signé mon bail tantôt, répliquai-je aussitôt. Ne t'en fais pas, je m'arrangerai pour le payer, lui dis-je pour ne pas qu'il s'affole en plus d'un autre trois cent dollars qu'il convenait antérieurement de débourser mensuellement pour un an de loyer. Je ne peux plus vivre dans cette atmosphère et maman et Luc s'en ressentent injustement. Oublie l'argent que tu m'as promis. Je te demanderais pourtant de m'aider à acheter un strict nécessaire de meubles.

— D'accord, je peux faire ça. Va les choisir demain et rapporte-moi une liste des prix, accepta-t-il sans hésiter un seul instant.

En fait, Guy croyait qu'avec mes dettes personnelles, je ne pouvais bouger et il était convaincu d'une histoire montée de toutes pièces. Mais le lendemain, mon amie Jeanne m'aidait à empaqueter ce qui m'aiderait à fonder un autre foyer, un bien grand mot dans de telles circonstances. En après-midi, Guy revint à la maison vers trois heures trente — chose qui se produisait rarement. Comme il réalisait les raisons du désordre, j'étais certaine qu'il s'évanouissait sur le seuil de la porte. «Tu viens souper?» demandai-je pour détourner ses questions.

— Non, répondit-il nerveusement. J'irai manger au coin, ajouta-t-il en ressortant.

Je le suivis à l'extérieur pour ne pas l'indisposer devant mon amie et lui précisai avoir choisi les meubles le matin même.

— Six mille dollars au plus, soulignai-je en lui présentant les estimés. En ce qui a trait à l'équipement et à la décoration, plusieurs amies pourront m'aider pour démarrer, ajoutai-je pour ne pas qu'il s'inquiète du reste.

Guy fit semblant de n'avoir rien entendu et se tut pour le reste de la journée. Tôt le lendemain matin, il réveillait Luc pour lui demander notre nouvelle adresse et quand j'y arrivai moi-même l'après-midi du déménagement, les appareils ménagers étaient déjà montés et installés.

— J'espère que tout te convient, dit-il en m'accueillant.

— J'imagine, dis-je.

— Appelle-moi demain pour me donner ton numéro

de téléphone, suggéra-t-il en empoignant son coffre d'outil pour se retirer tel un plombier qui a accompli son travail chez une étrangère.

Pourquoi le rappellerais-je, puisque nous n'avions plus rien à nous dire.

Les larmes aux yeux, je refermai une porte sur un homme qui ne m'avait guère laissé la chance de le connaître à fond pour en rouvrir une autre sur le plus bel héritage laissé par Olivier: sa mémoire, son nom et surtout un fils bien-aimé.

TÉLÉGRAMMES
ET TÉMOIGNAGES

Les témoignages et télégrammes qui suivent furent reçus et publiés lors du décès du célèbre comédien Olivier Guimond.

JEAN-MARIE DUGAS, directeur des programmes de la TV à Radio-Canada

Le personnel de la télévision de Radio-Canada se joint à moi pour vous offrir nos plus sincères condoléances dans le deuil qui vient de vous frapper.

FRANÇOISE LEMIEUX

J'apprends la terrible nouvelle je partage avec toi ces heures douloureuses bon courage à toi à ton fils et à la mère d'Olivier.

GILLES CARLE

Suis profondément attristé du départ d'Olivier Guimond. C'est la perte d'un très grand artiste. Je vous offre, Madame, ainsi qu'à la famille toute ma sympathie.

LE PERSONNEL INFIRMIER, CINQUIÈME ÉTAGE SERVICE DE QUATRE À MINUIT HÔPITAL MAISONNEUVE

À vous-même, aux membres de la famille ainsi qu'aux amis du défunt nos plus sincères condoléances.

RAYMOND DAVID

Au nom de tous les collègues de Radio-Canada et à titre personnel je désire présenter sincères condoléances et exprimer regrets occasion de disparition de notre collaborateur Olivier

Guimond dont souvenir restera vivant pour sa sympathique personnalité et la grande place occupée dans le monde du spectacle.

MONIQUE MILLER
Avec vous de tout coeur mes sincères condoléances.

DENISE PELLETIER
Mes profondes sympathies.

M. ET MME JOHNNY FARAGO
Sincères condoléances, de tout coeur avec vous.

JEAN-PAUL DESCHÂTELETS, Président du Sénat
Je me joins à tous ceux qui vous ont déjà manifesté leur regret à la suite du décès d'Olivier stop il était un ancien condisciple du Collège Mont Saint-Louis et veuillez croire que je partage votre peine.

ROBERT L. STANFIELD
Très sincères condoléances dans le deuil douloureux qui vous accable stop c'est non seulement le Québec qui déplore la disparition d'un fils estimé mais c'est également le Canada qui perd un artiste de renom stop au nom du parti que je dirige comme en mon nom personnel agréez l'expression de notre très vive sympathie.

CLAIRE KIRKLAND CASGRAIN, ministre tourisme chasse et pêche
Ai appris avec regret décès de Monsieur Guimond stop veuillez agréer l'expression de mes plus sincères condoléances.

JEAN-JACQUES BERTRAND
Veuillez agréer mes plus sincères condoléances en ce deuil si cruel. Olivier Guimond était un grand artiste et combien profondément humain. Je l'aimais bien.

DORIS LUSSIER
Mon cher Olivier,
Je t'écris ce matin le coeur gros et les yeux mouillés.

Toi qui étais la bonté même, et qui as toujours fait notre joie, c'est bien la première fois que tu nous fais vraiment de la peine.

Pardonne-moi à travers le brouillard de mon chagrin ce sont des souvenirs de joie qui remontent à l'assaut de mon âme. De cette joie tonique que tu as répandue comme une lumière sur toutes les scènes de mon pays.

Je pense à ta vie. Je te revois à la télévision, au cabaret, comique, irrésistible, arracher les rires du peuple pour lui faire oublier un instant la grisaille de sa vie.

Te rappelles-tu, Olivier, cette scène des «Trois valses» où tu prenais huit minutes à descendre un escalier et où tu fis tordre de rire la belle Mathé?

Te rappelles-tu «Jos Scipius» sur la scène de la Comédie-Canadienne, pendant la grève? Tu brûlais les planches que c'en était une beauté?

Tu rappelles-tu... tout le reste? Nous, nous ne l'oublierons jamais.

Tu étais le plus grand. Et pourtant tu étais le plus humble.

Tu n'as jamais pris la place de tes camarades sur la scène: la tienne était assez grande. Tu étais le compagnon de travail le plus exquis qui fût. Tu ne savais pas dire non.

Ta vie était tissée de lourdes difficultés qui pesaient souvent sur ton âme; ça ne t'a jamais empêché, une fois sur les planches du spectacle, de faire rire la salle. Tu disais toujours: *"the show must go on"*. Comme un pro.

Tu faisais rire les autres... et toi tu pleurais tout seul. La souffrance a dévoré une bonne partie de ton énergie. Personne ne le savait que tes proches. Tu as souffert dans ton coeur et dans ton corps jusqu'à ce qu'à la fin le mal t'emporte.

Et ce matin tu as quitté le plateau comme toujours, doucement sans faire trop de bruit, pour ne gêner personne.

Mais nous, tu ne nous quitteras jamais.

Jusqu'au moment de te rejoindre, de l'autre côté des coulisses du temps, nous te gardons dans le coin le plus chaud de notre mémoire.

Mais si tu savais comme tu vas manquer à notre joie!

Toi qui aimais tant la vie, tu l'as maintenant... éternelle.

Mais c'est pas fini. Ce n'est qu'un entracte. Le poète l'a dit:

«Je dis que le tombeau qui sur les morts se ferme

Ouvre le firmament;
Et ce qu'ici-bas nous prenons pour le reste
Est le commencement.»
Attends-nous, Olivier.

Un de ces jours, on va se retrouver tous ensemble, en haut, au Grand Théâtre. Il y aura bien là une scène pour les artistes québécois.

Et tel que je te connais, tu serais bien capable de faire rire le bon Dieu...

Au revoir, Olivier...

Ton vieux camarade,
DORIS LUSSIER

ROSE OUELLETTE

«Il a débuté à Québec à 17 ans. Son père lui avait donné un rôle dans une de ses revues. Il étudiait alors au Mont St-Louis. Déjà, il était charmant. Déjà, il se révéla un comédien-né. J'ai beaucoup de peine. C'est un être irremplaçable.»

BÉATRICE PICARD

«Il était admirable, au travail. Je l'ai bien vu dans «Cré Basile». Très sérieux, il prenait cette nouvelle forme de travail très à coeur. Il était calme, rassurant, pour les camarades. Avec les femmes, il était galant, d'une galanterie comme on n'en voit presque plus, comme les femmes aiment que les hommes soient galants. Je le regrette. C'était un grand comédien et un homme charmant.»

GRATIEN GÉLINAS

«C'est difficile de trouver les mots quand on est ému. J'avais une grande estime pour Olivier Guimond. Je l'ai surtout connu pendant la grève des réalisateurs à Radio-Canada. Il faisait partie des vedettes qui donnaient un spectacle pour venir en aide aux grévistes. En coulisse, je le regardais faire toutes ses acrobaties et je n'en revenais pas. On se souvient beaucoup de ses mimiques mais se rappelle-t-on comme il était acrobate, souple? Il savait tomber face contre terre, en brisant sa cigarette mais ne se faisant jamais mal. C'était un grand comique bien attachant. Je ne crois pas qu'il ait été un homme heureux. Il était trop sensible pour cela. Il était angoissé. Nous l'aimions tous.»

OVILA LÉGARÉ

«J'avais un grand respect pour lui. On ne pouvait trouver comédien plus humain. Je crois qu'il était très impressionnable. Il était si sincère. Et puis quand on fait des ulcères! Je suis très ému.»

PIERRE LEROUX

Pierre Leroux, le journaliste de l'information de CJMS Mutuel, a connu Olivier Guimond il y a 15 ans alors qu'il était animateur au Théâtre National et que M. Guimond travaillait au Canadien. «Nous allions luncher ensemble, raconte-t-il. Il voulait que tout le monde réussisse. Son père voulait qu'il soit un plus grand comique que lui encore et, pour façonner son fils, il avait choisi la rude méthode. Il lui répétait sans cesse qu'il n'était pas bon, qu'il ne valait rien, qu'il n'y arriverait jamais. Pourtant, Oliver avait un énorme respect pour son père. Je me souviens en 68, je souffrais d'ulcères d'estomac et, à ma connaisance, Olivier en avait toujours souffert. C'était la tournée de «Pruneville sur mer». Olivier me dit: «Puisque tu as des brûlements, viens dans ma loge et je vais t'offrir un verre.» Ça m'avait étonné parce qu'il ne buvait plus. Quand j'entrai dans sa loge, il m'offrit un verre d'emphogel. Tous ceux qui souffrent d'ulcères d'estomac savent de quoi il s'agit.»

PAUL BERVAL

«Je connaissais Olivier depuis plus de 22 ans. J'ai travaillé avec lui au Théâtre Canadien puis dans les tournées de Jean Grimaldi. C'était un travailleur consciencieux qui se donnait toujours à la limite. C'était un homme profondément bon et humain, infiniment chaleureux. Il était croyant, ainsi dans des moments difficles il priait à l'ombre. Nous étions tous les deux amateurs de bateau, de chasse et de pêche. Nous ne manquions jamais une occasion. Je lui ai rendu visite il y a 12 jours, il avait un bon moral et je suis retourné dimanche alors qu'il était inconscient. Je crois qu'un de moments les plus heureux de sa vie, ce fus quand il reçut le titre et le trophée de Monsieur Télévision.»

RÉAL GIGUÈRE

«Je ne peux croire qu'un homme aussi actif qu'Olivier puisse être mort. Son nom restera gravé dans ma mémoire. Olivier m'a fait rire... et il m'a beaucoup aidé.»

MGR GRÉGOIRE

Dans un court message lu devant l'autel, Mgr Paul Grégoire, archevêque de Montréal, a souligné qu'Olivier Guimond faisait partie du paysage «familial» de la province.

«Sa fantaisie a rapproché les êtres les uns des autres, a-t-il écrit.

«Il nous a souvent rappelé, par ses fantaisies, que les rires et les larmes sont le partage de notre existence.

«Consolons-nous en pensant que, dans l'autre monde, le Seigneur essuiera toutes nos larmes».

L'ONCLE PIERRE

«À l'émission «Le Capitaine Bonhomme» j'ai travaillé pendant cinq années avec lui, mais je l'avais connu une année auparavant. Olivier Guimond était profondément humain, profondément bon, cherchait toujours à aider ses camarades de métier sans que ça paraisse. Je travaillais au canal 12, avant d'être l'Oncle Pierre à Télé-Métropole et au début je «paniquais» à l'idée de faire une émission par jour, cinq jours par semaine. Il s'en rendait compte et que de fois Freddy Washington m'a appuyé! Nous avons gardé l'espoir qu'il revienne à l'émission jusqu'à la semaine dernière. Je crois que cette inactivité, le fait de savoir qu'il mettrait beaucoup de temps avant de travailler à nouveau a été le facteur moral de sa mort. Il était si amoureux de son travil, il n'arrêtait jamais. Olivier Guimond est irremplaçable. Cette mort est tellement triste. Je plaçais Olivier Guimond sur le même pied que Fernandel ou Bourvil.»

PÈRE MARCEL DE LA SABLONNIÈRE

Le père Marcel de La Sablonnière a dit: «J'ai travaillé avec Olivier en 1964 à l'émission du capitaine Bonhomme. Olivier était un homme attachant. Il était non seulement doué... mais il était aussi très charitable.»

MAURICE GAUVIN (SON ÉPOUSE)

«Maurice a été très affecté, très touché par cette disparition. Les médecins, comme moi, l'avions préparé à cette éventualité parce que nous nous doutions qu'il ne reviendrait jamais. C'est moi qui lui ai appris cette triste nouvelle et il a pleuré.»

PÈRE PAUL AQUIN

«Personne n'a jamais eu à se plaindre d'un manque d'intégrité de la part d'Olivier. Combien de fois n'est-il pas venu bénévolement aux galas que j'organisais pour les chauffeurs de taxi! Il était un gars charitable.

«Olivier ne m'a jamais demandé de lui fixer une heure précise pour son numéro. Il arrivait au tout début et attendait sagement, en coulisses, le signal d'entrer en scène.

HUGUETTE PROULX

«Je déplore la perte de ce camarade. Nous n'avons pas les moyens de perdre un comédien de ce calibre-là. Il ne sera jamais remplacé!»

GILLES PELLERIN

«Nous étions des amis très intimes et ça me fait véritablement de la peine. Un homme plus grand ça n'existe pas. Pour moi, Olivier est juste parti pour un voyage. Je ne sais pas quand se terminera le mien mais lui, il m'a donné une grande leçon, au point que je me demande si j'ai du talent. À la fin de mon voyage j'espère le rencontrer et j'espère qu'on aura l'occasion de causer.»

JULIETTE HUOT

«C'est plus qu'un comédien que je viens de perdre; c'est un ami intime. C'est 30 années de carrière qui disparaissent avec lui. Je suis très touchée, très attristée», a-t-elle conclu, impuissante devant la triste réalité de la mort. Ces pensées, elles étaient évidemment celles de toute l'équipe de «Symphorien», équipe qui avait perdu son sourire.

GUY PROVOST

«C'est un de ces hommes que si pour lui on avait constitué un «pool» tout le monde aurait participé en donnant un jour de sa vie.»

LUCIEN LAVERDURE

«À douze ans, Olivier était déjà un comique-né, déclare Lucien Laverdure, qui fut son compagnon de classe et «voisin de banc» au Mont St-Louis. Il trébuchait en entrant dans la classe, faisait mine d'avoir le hoquet durant les grands silences d'études.»

Olivier Guimond chantait et dansait durant les récréations. Dans la cour, il avait toujours son public qu'il amusait en les faisant rire aux éclats.

Quand le professeur d'anglais lui disait: «*Take the door*», Guimond se levait et faisant semblant de déraciner la porte.

«Olivier avait une jolie voix, dit Laverdure. Il chantait le *Minuit, Chrétiens*, à la messe de minuit. C'était quelque chose, dans le temps.

Laverdure, qui est un de nos meilleurs tennismen, nous apprend que Guimond était un excellent joueur de hockey. Il jouait au centre pour la «grande équipe» du Mont St-Louis.

À la fin du mois, Olivier envoyait à son père des comptes ronflants. Dès qu'il avait quelque chose il fallait qu'il en donne à tous ses copains. Il aurait pu donner sa chemise.

Le collège montait des opérettes et Guimond avait les rôles comiques. Dans le sport, il a remporté plusieurs trophées. Il était champion de la course de deux milles en patins. Champion à la natation. Il jouait au baseball. Il a même songé à monter un numéro de trapèze avec son copain Guy Vandelac.

Il faisait partie de la Symphonie du Mont St-Louis. Il jouait le cor français. Il a étudié le piano.

JACQUES BOULANGER

«Nous venons de perdre un gros morceau. Au cours de ma carrière, Olivier Guimond m'a donné un tas de conseils fantastiques. Aussi, il continue de vivre parmi nous. Il sera là, toujours, toujours, toujours.»

298

MARCEL GAMACHE

«Nous avons toujours été de grands amis. Olivier était un homme extraordinaire. Il était doué et humain. Il fut une grande vedette qui n'a jamais joué la vedette. Il était très sensible. Il cherchait toujours à encourager les artistes. Il ne savait pas dire «non», a déclaré l'auteur de «Cré Basile» et de Symphorien.

«Même si Olivier était sérieusement malade, il a conservé le sourire. Un homme d'action, il trouvait le temps long sur un lit de l'hôpital. Il déclarait qu'il vaincrait la maladie qui le minait. Je sais qu'il a lutté jusqu'à la dernière seconde.

«Non seulement je perds un excellent ami... le monde artistique perd un grand champion.»

GILLES LATULIPPE

«J'ai l'impression de perdre un parent, j'ai été le premier à le voir au salon avec Paul Berval. Il était beau mais terriblement amaigri. Personne n'aura un mauvais souvenir de lui, pour tout le monde il restera un homme extraordinaire. On a perdu le coeur de l'Union des Artistes et nous n'avions pas les moyens de le perdre.

«Vous savez, je n'ai jamais pu dire «tu» à Olivier et pourtant, on travaillait ensemble. Il était simple, il avait confiance en moi et il jouait même des rôles que je lui écrivais. Mais je pense que l'histoire de sa vie, ça a été de rendre les autres heureux.

«Tous ceux qu'il approchait se sont enrichis et on a la consolation de se dire qu'on a été parmi les chanceux qui l'ont bien connu. Bien sûr, on paie le prix de la séparation et c'est cher.

«Que ce soit dans «Symphorien» que j'ai tourné toute la journée ou ce soir en allant au théâtre, je le voyais partout.

«J'allais souvent le voir à l'hôpital. Chaque fois il pleurait mais j'arrivais à le faire rire et pour moi c'était épouvantable de faire rire Olivier que je voyais si malade.

«Olivier tenait à donner ses yeux et lorsqu'il est mort, le docteur Lavallée a demandé la permission à Manon Guimond de les prélever. Elle a accepté; le médecin lui a dit que c'était très important, qu'il avait une greffe à faire dans une semaine. Mais ses yeux, Olivier les aurait donnés bien avant si on les lui avait demandés. C'était un être humain qui n'a jamais été vulgaire. Je garde de lui un souvenir qui n'a pas de prix: l'enregistrement de son spectacle dans mon théâtre.

«On m'a fait l'honneur d'être porteur aux funérailles, en compagnie de Gilles Pellerin, Paul Desmarteaux, Marcel Gamache, Claude Blanchard et Denis Drouin. Il y a tellement d'autres choses que j'aurais voulu faire pour lui!»

MICHEL NOËL

«Olivier Guimond était un être extraordinaire, formidable à tous les points de vue, un être pour qui j'avais beaucoup d'admiration sur le plan humain comme sur le plan professionnel, ce qui est très rare. Même si je m'y attendais, ça m'a donné un coup quand j'ai appris la nouvelle, car Olivier était un grand ami pour moi. On n'avait jamais rien à lui reprocher; il était d'un grand humanisme! C'était un être bon avant tout, d'une délicatesse inouïe; il prenait mille détours pour dire quelque chose sans faire de peine et il était même timide à l'extrême. Pendant cinq ans, j'ai travaillé avec lui et Latulippe dans le «Capitaine Bonhomme» et c'était à chaque fois une partie de plaisir. Olivier Guimond était un mime fantastique; il avait le génie de l'invention, de l'improvisation. Avec un rien, il pouvait faire un sketch en quinze minutes. Dans son genre, dans l'art de faire rire, il était un génie comme Trenet l'est dans la chanson. Je pense qu'Olivier Guimond sera irremplaçable, ici, au Québec.»

GAÉTAN LABRÈCHE

«Je n'ai jamais travaillé avec Olivier Guimond, mais je le regardais souvent jouer; c'était une institution nationale et je pense qu'il sera irremplaçable. Mon fils Marc, qui a dix ans, a joué avec lui dans «La branche d'Olivier». Il l'a trouvé excessivement sympathique; il lui avait dit: «Appelle-moi mon oncle Olivier» et il représentait pour lui une grande vedette. Je pense qu'il était merveilleux, très humain; il adorait les enfants, il se mettait à leur niveau et il était devenu un grand ami pour mon fils. Il lui avait expliqué comment jouer sa scène dans «La Branche d'Olivier». Pour ma part, je regrette beaucoup de n'avoir pas joué avec lui au théâtre, car il en aurait été capable.»

300

MARGOT LEFEBVRE

«Olivier, mais c'était bien plus qu'un ami. C'était un frère pour moi! Ce qu'il a pu m'aider.

«Quand on était à «La Catalogne», ensemble, des fois j'avais de la misère à mémoriser mes chansons. Il me disait: «Allez, répète devant moi jusqu'à temps que tu la saches.» Ça, c'était Olivier.

«Il y a 20 ans, quand j'ai commencé à Radio City, j'étais avec lui. Il m'a aidée dans mon métier, m'a aidée à pratiquer mon anglais. Chaque fois qu'on se retrouvait c'était comme si on s'était quittés la veille. Olivier et moi, c'était comme ça!

«Manon, sa femme, est une bonne copine à moi et je sympathise de tout coeur avec elle. Je sais bien qu'il était très malade, mais je m'imaginais qu'il ne partirait pas aussi vite. Il voulait tellement, mais tellement vivre.

«Olivier, il n'y a pas de mots pour le qualifier.

RAYMOND LÉVESQUE

«J'avais beaucoup d'admiration pour Olivier Guimond en tant qu'artiste et en tant qu'homme. Il était généreux, gentil avec chacun. Dans ce métier très dur que nous faisons, où il est très rare de trouver de l'encouragement et de la sympathie, surtout de la part d'un confrère, il me manifestait beaucoup d'amitié. Je n'ai jamais eu la chance de travailler avec lui, mais il m'avait proposé d'écrire pour lui. Olivier Guimond était le plus grand comique au Québec et j'avais beaucoup d'estime pour lui. C'était un gars merveilleux; en le perdant, je perds non seulement un ami, mais un frère.»

DENISE PROULX

«Je n'avais qu'un rôle irrégulier dans «Cré Basile», la cousine des États. J'ai peut-être eu l'occasion de jouer avec Olivier Guimond une dizaine de fois, mais ces fois-là ont compté énormément, car j'ai beaucoup appris de lui.

«C'était la première fois que je jouais du burlesque et j'ai fait des découvertes importantes avec lui. D'abord, j'ai appris le sens du timing qui est une chose essentielle en comédie.

«J'ai découvert aussi qu'il fallait savoir écouter en face d'un comique. Et que le «straightman» devait continuer à jouer, sans rire, et ça, il avait le don de le communiquer.

301

«Quand j'ai appris sa mort, j'ai vraiment été navrée car il avait sûrement beaucoup de choses à nous apprendre à nous les comédiens, et au public. Des heures et des heures de rire que nous perdrons, car on apprend beaucoup de choses par le rire, et des heures plus profondes encore, d'humanisme.

«Comme homme, Olivier Guimond était charmant dans toute la signification du mot. D'une éducation comme il est rare d'en retrouver aujourd'hui. Et d'une politesse exquise envers tout le monde.

«Son humilité était proverbiale et malgré son expérience et son talent, jamais il ne traitait les jeunes comédiens avec arrogance. Pour lui, tous étaient égaux.

«Sa mort est une grande perte autant pour les comédiens que pour le public.»

FERNANDO SOUCY

«Ma première entrée en scène, c'est à Olivier que je la dois. C'est lui qui m'a donné ma chance. Cela se passait au Massachussetts...

«Olivier Guimond et Isidore Soucy logeaient ensemble durant les tournées. J'exprime toute ma reconnaissance en mémoire du disparu qui a été pour moi un frère. Le «Charlie Chaplin canadien», comme nous l'appelions, m'a initié à la comédie aux côtés d'Amulette Garneau, de Denis Drouin et d'autres. Cela ne s'oublie pas...»

RENÉ CARON

«Un grand monsieur, d'une trempe exceptionnelle, qui fut (peut-être à l'égal de son père) le plus célèbre mime du Canada français, comme Miville Couture fut le géant de l'humour.

«Très proche du peuple, Olivier avait un immense talent qu'il ne mesurait pas lui-même. Il n'avait pas besoin de parler: son visage plein de bonté exprimait tout. Il faisait rire par sa démarche. En ce sens, il fut le géant de l'humour muet, comme Miville Couture a été celui de la parole.

«Olivier est mort dans la même chambre que mon père, et de la même maladie. Le gars le plus extraordinaire que j'aie connu.»

302

LÉO RIVET

«J'ai intimement connu Olivier. J'ai travaillé avec Tizoune, son père. J'ai vu Olivier se marier, j'ai vu naître et grandir ses enfants. Il a été un des rares artistes à être aussi aimé de ses camarades que du public. Toujours bon, simple, prêt à aider, Olivier ne disait jamais non. Il a été un ami; cherchez-les les amis parmi les artistes!

«Coïncidence, son père, avant de mourir, a eu son dernier engagement avec moi, au Bal Tabarin à Québec: la dernière émission d'Olivier fut «Claude Blanchard». J'ai été témoin des dernières heures de vie active et du père, et du fils.»

MARCEL GIGUÈRE

«Je l'ai vu travailler quand j'étais bruiteur à «Cré Basile» et au «Capitaine Bonhomme» et je pense que c'était le plus chic type que je connaissais. Il avait une bonne parole pour tout le monde, il riait plus fort que tout le monde des farces des autres. Il n'avait jamais peur de se faire voler la couverte sur scène; il jouait d'une façon effacée. Il laissait la chance aux autres de se manifester. Non seulement Olivier Guimond était un grand comique, mais c'était un gars toujours prêt à rendre service, toujours gai.»

AMULETTE GARNEAU

«Pour moi, ça a été un de mes maîtres. Il m'a appris et enseigné beaucoup de choses dans mon métier, des choses que l'on n'apprend pas à l'école mais sur la scène en jouant. Il me poussait dans le dos mais c'était pour mon bien, me forçant à jouer des rôles difficiles mais il savait que je pouvais le faire.»

JULIETTE PÉTRIE

«Mon mari, Arthur Pétrie, a été pendant plusieurs années le «straightman» d'Olivier Guimond père. Au début, ils jouaient surtout en anglais et petit à petit, ils ont commencé à glisser quelques phrases en français. C'est au Théâtre Impérial, à Québec, puis au Théâtre Canadien, rue St-Jean qu'Olivier Guimond fils a débuté. Comme camarade, c'était une merveille. Il avait un caractère extraordinaire. C'était facile de travailler avec lui, il était charmant sur tous les côtés.»

303

PAUL DESMARTEAUX

«Ah! mon Dieu! Olivier! On a joué ensemble longtemps. Ça remonte à l'époque des tournées en Nouvelle-Angleterre, avec Jean Grimaldi, dans les années 30. Ça a toujours été facile de travailler avec lui, il était consciencieux avec un caractère en or. Il était bon, trop bon et quelquefois ça joue des tours... C'était un camarade merveilleux qui s'adaptait à toutes les situations; c'était aussi un ami sûr à qui on pouvait faire confiance.»

MANDA

«À mes tout-débuts, j'ai joué avec Olivier Guimond père. Puis vers 32-33, Olivier Guimond fils a commencé sa carrière et nous avons fait des tournées ensemble pendant dix ou douze ans. On travaillait à l'époque! Les jeunes aujourd'hui ont la vie belle! Mais on était des mordus! Comme camarade, on ne pouvait demander mieux qu'Olivier Guimond. Il était toujours très gentil et ne manquait jamais de donner la main à quelqu'un qui avait besoin d'aide. Il était un des camarades les plus sympathiques et des plus agréables que j'aie jamais connu.»

PAUL GUÉVREMONT

«Olivier, ce fut le comédien idéal, par excellence. Une perte irréparable pour le monde des artistes. Il a été l'homme d'une grande conscience professionnelle, il a respecté son public, il fut charitable.»

MURIEL MILLARD

«Olivier était vraiment un camarade en or. D'abord chez lui, il n'y avait pas un sou de jalousie, il ne jouait jamais à la vedette. Il était très discret, excessivement gentil, délicat et ne faisait jamais de «scènes de vedette». Même quand des camarades «brûlaient son punch», il ne disait rien. C'était épatant de travailler avec Olivier.»

SUZANNE LANGLOIS

«Comme homme, comme camarade, comme comédien, Olivier était un des hommes les plus délicats, les plus généreux, les plus charmants que j'aie connus. D'une délicatesse remarquable... Il ne voulait jamais faire de peine à qui ce soit, s'effaçait pour mettre les autres en valeur. Il était aussi très modeste et infiniment humain.

«Comme camarade de travail, il était devenu un excellent ami. J'ai joué avec lui dans «Cré Basile» et au Théâtre des Variétés.

«La pièce «Beau et chaud» compte parmi mes plus beaux souvenirs de théâtre et si jamais j'avais à rejouer cette pièce avec quelqu'un d'autre, ce ne serait sûrement pas la même chose.

«Non, je crois vraiment qu'avec la mort d'Olivier, c'est la fin de toute une époque de théâtre...»

DENYSE FILIATRAULT

«Olivier Guimond était l'être le plus extraordinaire de la colonie artistique! Il était très humain; il avait beaucoup de coeur, il ne disait jamais de mal de personne et je ne lui connais pas d'ennemis. C'était le plus grand! Il sera irremplaçable. Son père avait énormément de talent, mais il lui était supérieur; il avait dix mille fois plus de talent que son père. Il était plus fort que lui. Malgré sa popularité, il demeurait simple, effacé; il avait un caractère en or. Je disais justement à des amis, hier: «Quand ce gars-là va mourir, on dira qu'il était extraordinaire.» «Mais Olivier Guimond n'avait pas besoin de mourir pour qu'on le dise; il était effectivement extraordinaire autant comme être humain que comme comique.»

JEAN GRIMALDI

Que pourrais-je ajouter à tout ce qui s'est dit depuis que tu as cessé de vivre. On s'arrache les mots à qui mieux mieux pour faire les louanges de ton talent, de ta volonté, ta simplicité, ton humanité. Mais moi qui t'ai connu encore presque un enfant, pendant plus de 20 ans, j'en fus le témoin.

Quand pour toi j'ai écrit la première comédie où tu avais fait preuve de ton vrai talent j'ai compris aussitôt que la route de la gloire t'était grande ouverte.

Sans jamais te révolter, tu acceptais les conseils, qui devaient guider tes premiers pas comme un enfant qui apprend à marcher. Puis un jour tu m'as dit: «Laisse-moi le plateau».

Dès lors j'ai réalisé que tu étais prêt à chausser les bottes de ton père qui fut, pour tous ceux qui l'ont connu, le plus grand comédien de notre époque.

Ensemble nous avons connu des heures difficiles, où il fallait se lever à l'aube dès matin pour parcourir des routes impraticables où ton public attendait au bout du chemin. Sans jamais te plaindre, tu acceptais les sacrifices pour mettre en valeur tes grands talents qui devaient faire de toi une idole.

Puisses-tu servir d'exemple à tous ceux qui suivront tes traces. Combien de persévérance, de courage et de volonté il faut déployer pour atteindre les sommets de la gloire. Tu laisses aux quatre coins de ton pays et même au-delà des frontières un souvenir impérissable. Et dans mon coeur la tristesse d'avoir presque perdu un fils.

J'aurais voulu partir avant toi et t'attendre là-haut où nous aurions de nouveau ensemble, dans ce grand paradis, levé un rideau de nuages pour entendre rire aux éclats, par un seul geste de ton visage, comme tu as su si bien le faire ici-bas.

Pars en paix, Olivier. Je t'ai conduit à ton dernier spectacle où tu n'aurais jamais voulu que cette foule que tu as su si souvent faire rire, ne laisse sortir un mouchoir pour essuyer une larme.

ROLAND GIGUÈRE

«La nouvelle de la mort d'Olivier Guimond m'a attristé. C'est un dur coup pour Télé-Métropole et le monde artistique».

Olivier était d'une nature riche. Il était extrêmement généreux de caractère et de tempérament. Il était un personnage sympathique. On n'oubliera pas de sitôt les succès qu'il a remportés avec l'émission «Cré Basile».

ROBERT BOURASSA, Premier ministre du Québec

«C'est avec émotion que j'ai appris le décès d'Olivier Guimond. C'est un grand artiste qui nous quitte.

«Monsieur Guimond, en effet a su traduire avec brio au cours de sa carrière la richesse des sentiments et des états d'âme propres à la population du Québec.

«Son interprétation était toujours caractérisée par la ferveur, la spontanéité, la chaleur humaine et même l'humour, qui sont des caractéristiques communes à la plupart des Québécois.

«Je désire exprimer à sa famille et à ses nombreux amis mes très sincères condoléances et les assurer que je partage leur profonde tristesse.»

TEXTE DE L'HOMÉLIE

L'homélie a été prononcée aux funérailles d'Olivier Guimond, par le célébrant, l'abbé Marcel Dandurand, curé de la paroisse Ste-Philomène de Ville Mercier.

«Chers frères et soeurs dans la foi.

«En premier lieu, je remercie Madame de m'avoir invité à présider cette émouvante liturgie des funérailles. Je m'y attendais un peu à cause de la longue amitié qui me lie à la famille Guimond qui m'a toujours associé aux événements importants de sa vie. Je me rappelle, en particulier, le jour déjà lointain où j'ai eu le bonheur d'unir Manon et Olivier devant Dieu et devant les hommes.

«En présentant de nouveau mes sympathies à la famille, je voudrais y joindre celles de toutes les personnes ici présentes de même que celles de tous les amis et admirateurs innombrables de ce cher disparu.

«C'était un coeur d'or, une âme d'artiste qui savait vibrer et qui a beaucoup aimé. Il aimait tendrement les siens, sa famille, son épouse, son fils, son papa si talentueux lui aussi, sa chère maman si distinguée, ses amis, ses confrères comédiens qu'il estimait tellement et qui le lui rendaient bien, les enfants, oui les enfants, enfin tout le monde, le public, le brave peuple qu'il avait l'art de faire rire. Ne trouvez-vous pas en lui un exemple de charité, d'amour, d'attention aux autres?

Il a souffert
«Vous devinez que ce sensible, cet hypersensible, ce timide pris de trac avant chaque spectacle, a souffert énormément, toute sa vie, moralement et physiquement. De nombreux ulcères l'ont fait souffrir particulièrement au cours des dernières années et surtout durant les trois derniers mois qui furent un véritable calvaire. Cependant il ne souffrait pas seul,

mais avec le Christ, pour compléter, comme le dit Saint Paul, ce qui manque à la passion du Sauveur. Car monsieur Guimond était un croyant; il avait la foi, une fois solide, robuste ainsi qu'un respect rare du prête qui m'a toujours édifié. Peut-être devrais-je ajouter qu'il était très attaché à sa paroisse et qu'à l'époque où j'étais curé à Pointe-Fortune, il a monté plusieurs spectacles au profit de cette dernière.

«Le comique incomparable que fut Olivier ne voudrait pas que cette célébration eucharistique fut trop triste. Or justement pour les chrétiens que nous sommes, la mort n'est pas une fin, mais plutôt un début, le commencement d'une autre vie, la vraie vie, la vie éternelle. Nous le dirons tantôt dans la préface: «Si la loi de la mort nous afflige, la promesse de l'immortalité nous apporte la consolation. Car pour tous ceux qui croient en toi, Seigneur, la vie n'est pas détruite, elle est transformée; et lorsque prend fin leur séjour sur la terre, ils ont déjà une demeure éternelle dans les cieux.»

«Dans la même veine, la chorale chantera tout à l'heure: «Je crois que mon Sauveur est vivant et qu'au dernier jour je surgirai de la terre. Le jour viendra où, dans ma propre chair, je verrai Dieu, mon Rédempteur.»

«Rappelons-nous aussi les paroles du Seigneur que nous avons entendu proclamer dans l'Évangile: «Je suis la résurrection et la vie. Celui qui croit en moi, même s'il meurt, vivra; et tout homme qui vit et qui croit en moi, ne mourra jamais.»

Leçons de charité

«Le cher disparu nous donne une leçon de charité et de foi que nous essaierons de mettre en pratique; cette liturgie eucharistique nous prêche l'espérance chrétienne.

«Mes chers amis, continuons tous ensemble à prier pour Olivier, je suis presque tenté de dire à prier Olivier, puisque, me semble-t-il, il est déjà installé au séjour des bienheureux. La foi nous enseigne qu'un jour, dans un au-delà mystérieux, nous le retrouverons tous ensemble dans l'éternelle paix et joie de notre Père du Ciel.»

Voici le texte de l'oraison funèbre lue, lors des funérailles, par son camarade Denis Drouin.

Olivier, j'ai toujours été là pour tes entrées en scène, j'ai voulu être là pour ta dernière sortie. J'avais pensé de peut-être écrire un texte, de l'apprendre par coeur, mais comme je sais que tu n'as jamais aimé tellement les textes appris par coeur, j'ai aimé mieux le faire dans notre tradition, c'est-à-dire, ad lib. Mon p'tit camarade comme on s'appelait toujours, mon grand chum.

Ta mort a plongé la Province de Québec dans une tristesse incommensurable. Nous savons, nous du métier, plus que tous les autres combien ta perte est irremplaçable. On est venu te chercher encore si jeune, à 57 ans, alors que tu avais tant de choses à faire encore, c'est une perte irremplaçable parce que tu es le dernier de la file d'une grande ligne de comédiens, de mimes et de clowns, et il n'y a personne pour te remplacer. Olivier je voudrais te dire qu'en plus de l'admiration que tous tes camarades ont toujours eue pour ton immense talent, en leur nom, ici, je voudrais te remercier pour tout ce que tu nous a apporté. Ce métier que tu connaissais si à fond cette année, ça faisait 40 ans —, le timing que tu avais c'était extraordinaire. Olivier je voudrais aussi dire à tout le monde, le gars humain que tu étais. Charitable, toujours le mot pour encourager tout le monde. Y a jamais personne qui t'ait tendu la main et que tu aies pu refuser. T'as même été charitable jusque dans ta mort, puisque t'as donné tes yeux. Olivier t'auras quand même une satisfaction que je puis dire que nous n'aurons jamais personne d'entre nous. Si comme je le crois, de l'autre côté, il y a un foyer des artistes, t'auras eu la consolation d'avoir ton père pour t'y attendre à la porte. Toi qui entrais toujours en scène avec un tract extraordinaire, un trac formidable, parce que tu te demandais si les gens étaient pour t'aimer, et bien t'en as une preuve ce matin, t'as rempli tes salles jusqu'au dernier moment. Et je pense que ce ne serait pas irréventieux pour l'endroit où nous sommes, si je demandais pour le dernier rideau d'un comédien qui a donné 40 ans de sa vie pour le public, si vous voulez tout le monde debout et un dernier tour d'applaudissements pour OLIVIER GUIMOND.»

Denis Drouin

309

Chère madame,

À mon retour de Paris, j'ai pris connaissance de la bien triste nouvelle du décès de votre mari. La veille du jour des funérailles, je me suis rendu, avec mon épouse, au salon funéraire pour lui rendre un dernier hommage.

La foule était nombreuse sur une longue distance et à multiples rangées sur le trottoir. Le policier, en devoir devant le Salon, rue Crémazie, m'a offert de me conduire jusqu'à l'intérieur en passant devant ces centaines de personnes qui, par une température froide, attendaient leur tour d'approcher lentement de la porte d'entrée.

J'ai refusé, ne me croyant pas justifié d'agir ainsi. L'expression de sympathie, d'attendrissement, de réelle tristesse de toutes ces personnes qui allaient voir une dernière fois celui qui avait tant de fois conquis leur admiration et leur amitié devenue presque fraternelle, créait une impression très forte.

Nous nous sommes unis, mon épouse et moi, par une pensée bien profonde à cet hommage du peuple rendu à feu Olivier Guimond.

Permettez-moi de vous dire ici, chère madame, toute la joie que j'ai ressentie, dans ces circonstances pourtant pénibles où vous êtes, de constater avec quelle unanimité et quel empressement le peuple de toutes conditions a tenu à vous manifester son affection, envers vous autant qu'envers le cher défunt. Ce doit être pour vous une bien grande consolation.

Et veuillez croire que ma peine était aussi à la mesure de celle de tous les amis de votre mari. J'ai eu l'occasion à plusieurs reprises de constater son immense talent sans doute, mais plus encore d'applaudir à l'intelligence qu'il déployait à le développer, de l'honnêteté et de la sincérité avec lesquelles il mettait ce talent au service de son public. Et j'avais eu le bonheur de le rencontrer personnellement quelques fois. Je ne peux l'oublier.

Voilà, madame, des choses que je vous aurais dites si j'avais pu m'approcher de vous. Je vous les écris bien simplement et de tout mon coeur.

Puisse la bonté proverbiale d'Olivier Guimond continuer de se manifester sur vous et sur votre enfant par les moyens spirituels qui sont maintenant les siens.

Et veuillez agréer l'expression de mes sentiments les plus sympathiques et ceux de mon épouse, ainsi que nos souhaits de bon courage

**Le maire de Montréal
Jean Drapeau**

P.S.: Nous étudions actuellement la possibilité pour la Ville de Montréal de marquer officiellement la mémoire de feu Olivier Guimond.

TABLE DES MATIÈRES